KURSTHEMEN DEUTSCH

Werkstatt „Essay":

Rezeption und Produktion

Herausgegeben von
Dietrich Erlach und Bernd Schurf

Erarbeitet von
Winfried Harst und Matthias Wasel

Inhalt

A Die Textsorte „Essay"

1 Versuch einer Begriffsdefinition   3
1.1 ... mit Hilfe von Bildern   3
1.2 ... mit Hilfe von Texten   4
   Information: Merkmale essayistischen Schreibens   7
2 Themen und Merkmale   8
2.1 Themen für Essays   8
2.2 Zwei Beispielessays aus unterschiedlichen Zeiten   9

B Der Essay als Aufsatzform im Unterricht

1 Materialsammlung und -aufbereitung   13
1.1 Erste essayistische Schreibversuche   17
   Methode: „Fahrerwechsel" – Textausweitung   17
1.2 Stoffsammlung zum Thema „Fast Food"   18
   Methode: Stoff sammeln   19
   Methode: Grafiken bzw. Schaubilder auswerten   24
   Methode: Karikaturen auswerten   24
   Methode: Abstracts schreiben   25
1.3 Zwei Essays als Analyse- und Schreibimpulse   31
2 Thematische Entfaltung – Textfunktion und Schreibhaltung   36
2.1 Einen Gedanken entwickeln – Schreibanregungen   36
2.2 Einen Standpunkt finden – Der fremde Blick   41
   Information: Die Rollenbiografie   44
2.3 Ein Thema entfalten – Unterschiedliche Schreibformen erproben   45
   Information: Thematische Entfaltung – Strategien und Empfehlungen aus Sprachwissenschaft und Praxis   46
3 Die Logik des Aufbaus – Einen Schreibplan erstellen   49
3.1 Am Anfang war das Wort – Unterschiedliche Einleitungen verfassen   49
3.2 Einen Gedanken entwickeln – Den Hauptteil gliedern   51
   Methode: Einen Essay gliedern   51
3.3 Das letzte Wort haben – Einen Schluss verfassen   55
   Methode: Den Schluss eines Essays formulieren   55
3.4 Der erste Eindruck zählt – Einen Titel finden   58
4 Schreibwerkstatt Essay – Stilübungen   59
4.1 Sprachliche Mittel – Definition und Funktion   59
   Information: Rhetorische Figuren   60
4.2 Texte kürzen – Sag es treffend   62
4.3 Texte erweitern – Texte mit Empfindungen versehen   64
   Information: Zielgruppengerechtes Schreiben – Vier Textfunktionen   64
5 Analyse eines Beispielessays   67
   Methode: Das Themenkreuz   71

C Dossiermaterialien und Texte zu verschiedenen Themen

Dossiermaterialien   72

A Die Textsorte „Essay"

Der „Essay" ist eine Ihnen noch unbekannte Textsorte. In diesem Teil erfahren Sie, was man unter einem „Essay" versteht. Auf der Grundlage dieses Wissens lernen Sie in Teil B dieses Bandes Schritt für Schritt, selbst einen Essay zu verfassen.

1 Versuch einer Begriffsdefinition

1.1 ... mit Hilfe von Bildern

Carl Spitzweg, „Der Sonntagsspaziergang" (Ausschnitt)

Der Weg zur Arbeit

Arbeitsanregungen

1. Ordnen Sie die Verben und Wortgruppen aus der folgenden Liste entweder dem ersten oder dem zweiten Bild auf Seite 3 zu.

- atemlos werden	- passend angezogen sein
- den Gedanken nachhängen	- schlendern
- den Weg genau kennen	- sich mit Bekannten auf einen Schwatz einlassen
- etwas am Wegrand wahrnehmen	- spontan die Wegstrecke wechseln
- ein festes Ziel vor Augen haben	- starr geradeaus blicken
- mit flottem Schritt gehen	- ungeplant einen Abstecher machen
- hektisch sein	- den Verkehr beachten
- innehalten	- vor sich hin träumen
- oft auf die Uhr schauen	

2. Beschreiben Sie, worin für Sie der Unterschied zwischen einem Spaziergang und Ihrem Schulweg besteht.

1.2 ... mit Hilfe von Texten

Michael Hamburger
Essay über den Essay (1965)

Schon das stimmt nicht ganz: Ein Essay darf eigentlich nichts behandeln, nichts bestimmen, nichts definieren. Ein Essay ist ein Spaziergang, ein Lustwandeln, keine Handelsreise. Wenn hier also „über" steht, kann es nur bedeuten, dass der Spaziergang über das genannte Feld geht, aber ohne jede Absicht, es zu vermessen. Dieses Feld wird nicht umgepflügt, auch nicht bebaut.
Es soll Wiese bleiben, wild. Der eine Spaziergänger interessiert sich für die Blumen, ein anderer für die Aussicht, ein dritter sucht Insekten. Die Jagd nach Schmetterlingen ist erlaubt. Alles ist erlaubt – außer den Absichten des Vermessers, des Bauern, des Spekulanten.
Auch ist jedem Spaziergänger erlaubt, von einem Feld zu berichten, was er gerade gesehen hat – wenn es auch nur die Vögel waren, die es überflogen, nur die Wolken, die noch weniger dazugehören, nur die Abwandlungen von Vögeln und Wolken im eigenen Kopf. Wer aber im Auto hinfuhr, im Auto sitzen blieb und dann sagt, er sei da gewesen, ist kein Essayist.
Darum ist der Essay eine veraltete Gattung (fast hätte ich „Form" geschrieben, aber der Essay ist keine Form, hat keine Form, er ist ein Spiel, das seine eigenen Regeln schafft).
Der Essay ist ebenso veraltet wie die Kunst des Briefeschreibens, wie die Kunst des Gesprächs, wie das Lustwandeln. Seit Montaigne ist der Essay höchst individualistisch, setzt aber zugleich eine Gesellschaft voraus, die den Individualismus nicht nur duldet, sondern auch genießt – eine Gesellschaft, die Zeit hat, zudem genug Bildung, um auf Information zu verzichten. Der ganze Geist der Essayistik ist in dem ersten Satz der ersten großen englischen Essaysammlung – der 1597 von Francis Bacon veröffentlichten – enthalten: „What is truth, said jesting Pilate; and would not stay for an answer." Der scherzende Pilatus, der Fragen stellt, aber auf Antworten nicht wartet, ist die urbildliche Verkörperung des Essays, der Essayistik und des Essayisten. Über dreihundert Jahre lang bewährte sich der englische Essay, auch nachdem der Ernst des Viktorianischen Zeitalters seine eigentümliche Beziehung zur Wahrheit in Frage gestellt hatte. Erst die totalitären Regime dieses Jahrhunderts machten aus dem absichtslosen Spa-

ziergang ein Verbrechen; seit G.K. Chesterton und Virginia Woolf gilt der englische Essay als tote Gattung. Freilich wurden – und werden – noch Prosastücke geschrieben, die sich als Essays geben; aber schon G. Orwell war zu verbindlich, zu puritanisch, zu krisenbewusst, um mit reinem Gewissen spazieren gehen zu können.

Der Essay ist keine Form, sondern vor allem ein Stil. Von der reinen, absoluten oder autonomen Kunst unterscheidet er sich durch seinen Individualismus. Der Witz des Essays, wie auch seine Berechtigung und sein Stil, liegt in der Persönlichkeit des Autors, weist immer auf sie zurück. Um die reine, unpersönliche Kunst geht es dem Essayisten so wenig wie um die Sache. Da die große Mehrzahl der so genannten kritischen Essays das Schwergewicht auf die Sache legt, also Antworten und Urteile bietet, beweist die Fortdauer dieser Gattung kein Überleben des Essays.

Die meisten kritischen Essays sind kurze Abhandlungen. Beim echten Essay ist es gleichgültig, ob sein Titel auf ein literarisches Thema deutet oder nicht, ob auf den Ursprung des Trauerspiels oder auf den Ursprung des Schweinebratens. [...]

Echt essayistisch sind auch manche Abschweifungen in Musils „Der Mann ohne Eigenschaften", weil Musil im Grunde ein Suchender, ein Mann ohne Absichten war und Fragen stellte, auf die er keine Antworten wusste. [...]

Echt essayistisch sind viele der kürzeren Schriften von Ernst Bloch, von Walter Benjamin und von Th. W. Adorno.

Über die Leiche des Essays hinweg läuft unaufhaltsam der Geist der Essayistik, wird einmal hier, einmal dort gesehen, erscheint in Romanen, Erzählungen, Gedichten oder Feuilletons, manchmal auch wieder in dem so hoch ummauerten, streng bewachten Parkgelände der Philosophie, dem er vor Jahrhunderten entschlüpfte, um im wilden Feld zu wandern. Nie gesehen aber wird er dort, wo das wilde Feld auch als Erinnerung oder Möglichkeit aus dem Bewusstsein der Menschen verbannt wurde, wo sich die Mauern verabsolutiert haben und sogar das Gehen nur noch ein Kreislauf aus Zwang und Routine ist. An die überfüllten Straßen der Großstädte hat er sich nicht gewöhnt, kaum an Fabriken, Kasernen, Büros, gar nicht an Gefängnishöfe und Vernichtungslager. Wer ständig an diese denken muss, kann die Ziellosigkeit und Unverbindlichkeit der Essayistik nicht dulden, nennt sie schamlos, egoistisch und frech. Aber irgendwo läuft der Geist der Essayistik weiter; und niemand weiß, wo er auftauchen wird. Vielleicht wieder im Essay?

Arbeitsanregungen

1. Notieren Sie die Parallelen zwischen dem „Essay über den Essay" von Michael Hamburger und dem ersten Bild (Seite 3).
2. Womit vergleicht Michael Hamburger den Essay? Schreiben Sie aus seinem „Essay über den Essay" einige Formulierungen heraus, die Ihnen wichtig erscheinen.
3. Erläutern Sie, inwiefern Schreibstil und Aufbau von Michael Hamburgers „Essay über den Essay" seinen Thesen über den Essay entsprechen.

Max Bense
Über den Essay und seine Prosa (1947)

Der Essay bedeutet [...] eine Form der experimentellen Literatur, und man hat in demselben Sinne davon zu sprechen, wie man von experimenteller Physik spricht, die sich sehr scharf von der theoretischen Physik unterscheiden lässt. Der Essay ist also keine Abhandlung. Essayistisch schreibt, wer experimentierend verfasst, wer seinen Gegenstand nicht nur hin und her wendet, sondern diesen Gegenstand während des Schreibens, während der Bildung und während der Mitteilung seiner Gedanken findet oder erfindet, befragt, betastet, prüft, durchreflektiert und zeigt, was unter den ästhetischen und ethischen, manuellen und intellektuellen Bedingungen des Autors überhaupt sichtbar werden kann. Kurz und gut: Man versucht aufzuzeigen, was ein abstrakter oder konkreter Gegenstand, ein literarischer oder ein nichtliterarischer Gedanke unter Bedingungen, unter Bedingungen, ich wiederhole es, sein kann.

Unter einem experimentellen Denkvorgang ist das mehr oder weniger versuchsweise Herauspräparieren einer Idee, eines Gedankens, eines subsumierenden[1] Bildes aus einer gewissen Menge von Erfahrungen, Überlegungen und Vorstellungen zu verstehen. Man wittert eine bestimmte Wahrheit, aber hat sie noch nicht, man umkreist sie in immer wieder ansetzenden Schlussketten, anschaulichen Wendungen und vielleicht ausschweifenden Reflexionen, um Lücken, Konturen, Kerne, Sachverhalte zu entdecken. Die Prosa, die dabei entsteht, ist nicht durchsichtig wie eine Theorie. Man begegnet hier bestenfalls der Genesis[2] einer Theorie, wohnt einer Geburt bei und wird dementsprechend die Empfindung nicht los, dass der eigentliche Prozess der Schöpfung den vollständigen Überblick verstellt oder gar verbirgt. Die höchste Meisterschaft des Essays würde also darauf beruhen, den experimentellen Denkvorgang im Akt des sprachlichen Ausdrucks der Anordnung zur Theorie entgegenzuführen, bis zu einer bestimmten Grenze, denn darüber hinaus begänne schon die andere Art der Prosa, die Theorie.

1 **subsumierend:** zusammenfassend
2 **Genesis:** Entstehung

Arbeitsanregung

1. Schreiben Sie aus dem Text „Über den Essay und seine Prosa" von Max Bense anschauliche Verben heraus, mit denen der Verfasser das Schreiben eines Essays charakterisiert.

Eine Definition aus einem Schulbuch (2009)

Essay (der oder das; frz. Essai, dt. Versuch) ist die Bezeichnung für einen **subjektiv reflektierenden Text** über ein Thema, das aus den unterschiedlichsten Bereichen stammen kann. Eine genaue Definition ist auf Grund der kreativen und offenen Schreibformen schwierig. So enthält der Essay neben erörternden Passagen oft auch beschreibende, schildernde oder erzählende Elemente. Wie die **Erörterung** […] stellt der Essay die begründete Haltung der Verfasserin/des Verfassers zu einem Thema dar, von der auch das Lesepublikum überzeugt werden soll. Anders als die Erörterung ist der Essay jedoch eher durch eine lockere Art der Themenbehandlung gekennzeichnet, die sich in einer **aspekthaften und assoziativen**, oft sprunghaften Gedankenführung, in einem variationsartigen Umkreisen des Gegenstands und dem **Verzicht auf wissenschaftliche Systematik und Vollständigkeit** der Problembehandlung ausdrückt. Es geht um das Durchspielen der Möglichkeiten und um das **Schaffen von Denkanstößen**. Der Eigenart der Gedankenführung entspricht auch die Sprache, d. h.: Die Aussagen sind z. T. zugespitzt und dürfen provozieren oder gar paradox sein. Entsprechend ist der Essay in der Regel **pointiert**, mitunter auch ironisch-satirisch, und verzichtet oft auf eine eher sachliche (Wissenschafts-)Sprache.

Arbeitsanregung

1. Lesen Sie die Schulbuchdefinition und erstellen Sie abschließend auf der Grundlage aller drei Texte eine Mind-Map mit Hinweisen für zukünftige Abiturientinnen und Abiturienten, was beim Schreiben eines Essays zu beachten ist.

Information: Merkmale essayistischen Schreibens

Professionelle Essayisten verfassen ihre Texte, ohne sich viele Gedanken darüber zu machen, ob diese der Norm entsprechen oder nicht. Für Sie als „Anfänger" ist es jedoch hilfreich, sich immer wieder die folgenden Merkmale essayistischen Schreibens zu vergegenwärtigen.

Der Essay bewegt sich im Spannungsfeld zwischen subjektivem, assoziativem, objektivem und systematischem Schreiben, das Ihnen teilweise aus dem Unterricht und aus Ihrer Lebenswelt bekannt ist.

- Das **subjektive Schreiben** kennen Sie aus der Zeitung.
  In Kommentaren und Leitartikeln vertreten namentlich genannte Autorinnen und Autoren ihre persönliche Meinung zu einem (oft aktuellen) Thema, das die Leserinnen und Leser beschäftigt oder zu dem diese bereits wertfreie Berichte und Nachrichten in derselben Zeitung gelesen haben. Einige fühlen sich durch einen solchen Kommentar angeregt, der Verfasserin/dem Verfasser in Form eines Leserbriefs zu antworten. Auf die subjektive Meinung einer Journalistin/eines Journalisten folgt also die subjektive Reaktion des Lesenden.

- Auch das **assoziative Schreiben** begegnet Ihnen in der Zeitung, und zwar in Gestalt von Glossen oder Feuilletons.
  Dies sind ebenfalls namentlich gekennzeichnete Texte, die wie Kommentare und Leitartikel aus dem Nachrichtentext ausgegliedert sind, sich aber im Unterschied zu diesen nicht auf aktuelle Ereignisse beziehen, sondern in – auch stilistisch! – pointierter und wenig strukturierter Weise allgemein menschliche Erscheinungen betrachten.

- Die Erörterung, eine klassische Aufsatzform aus dem Unterricht, ist ein Beispiel für das **objektive Schreiben**.
  Hierbei setzt sich die Autorin/der Autor, ohne sich von Gefühlen und Vorurteilen bestimmen zu lassen, möglichst sachlich und überprüfbar mit dem Für und Wider einer strittigen Behauptung auseinander.

- Auch das **systematische Schreiben** kennen Sie aus dem Unterricht.
  Die Informationstexte aus typischen Lernfächern wie Geschichte oder Biologie, wie Sie sie in Ihren Schulbüchern vorfinden, sind ein Beispiel dafür. Diese Texte wurden auf der Grundlage solider wissenschaftlicher Daten verfasst und vermitteln in klar aufgebauter Form Erkenntnisse und Inhalte.

Der Essay, der zwischen diesen vier Schreibformen zu verorten ist, unterscheidet sich folglich von einem Kommentar und einer Glosse dadurch, dass er einen „roten Faden" hat und trotz aller erlaubter Abschweifungen immer wieder zu seinem Thema zurückfindet, es also nicht aus den Augen verliert, wie dies bei der Glosse hin und wieder geschieht.
Im Unterschied zum Verfasser einer Erörterung oder einer systematischen Abhandlung nähert sich der Essayist seinem Thema jedoch nicht in sorgfältig abwägender, logisch strukturierter Form, sondern er „umkreist" es und erhebt keinen Anspruch auf eine abschließende und erschöpfende Betrachtung eines Sachverhalts.

Der Essay erörtert für sich ein Problem, an dem er gleichwohl andere teilhaben lässt, indem er es sprachlich elegant und damit unterhaltsam und lesenswert darstellt.
Der Essay ist somit eine Form des geistreichen, kreativen, literarischen „Infotainments".

2 Themen und Merkmale

2.1 Themen für Essays

Die folgenden Titel von Essays sind der Sammlung „Deutsche Essays: Prosa aus zwei Jahrhunderten" entnommen.

„Aus der Schule der Höflichkeit" (1834) von *Carl Friedrich von Rumohr*

„Betrachtung der Kunst und Kunst der Betrachtung" (1939) von *Bertolt Brecht*

„Das Kneipen und die Kneip-Genies" (1866) von *Bogumil Goltz*

„Die Koketterie" (1911) von *Georg Simmel*

„Die Krise der Sprache in unserer Zeit" (1961) von *Erich Franzen*

„Die Kunst zu schenken" (1888) von *Ludwig Bamberger*

„Die Pest in Konstantinopel" (1841) von *Helmuth von Moltke*

„Die Schönheit als Gesetz der griechischen Künste" (1766) von *Gotthold Ephraim Lessing*

„Die Schweiz im Jahre 1719 und 1724" (1749) von *Johann Michael von Loen*

„Ein Traktat vom bösen Gewissen" (1903) von Walther Rathenau

„Harlekin oder die Verteidigung des Grotesk-Komischen" (1761) von *Justus Möser*

„Heine und die Folgen" (1910) von *Karl Kraus*

„Jean Paul, das unbekannteste Genie" (1925) von *Oskar Loerke*

„Über das Interessante und Langweilige" (1821) von *Arthur Schopenhauer*

„Über den Geschlechtsunterschied und dessen Einfluss auf die organische Natur" (1797) von *Wilhelm von Humboldt*

„Über die allmähliche Verfertigung der Gedanken beim Reden" (1805/06) von *Heinrich von Kleist*

„Über die physische Erziehung" (1811) von *Jean Paul*

„Über die Steppen und Wüsten" (1808) von *Alexander von Humboldt*

„Über einige Schönheiten der Gebirgsgegenden" (1797) von *Christian Garve*

„Über einige wichtige Pflichten gegen die Augen" (1791) von *Georg Christoph Lichtenberg*

„Über Musik und Wort" (1871) von *Friedrich Nietzsche*

„Versuch über die Krankheiten des Kopfes" (1764) von *Immanuel Kant*

„Versuch über die Schamhaftigkeit" (1800) von *Friedrich Schleiermacher*

„Vom Gespräch" (1816) von *Adam Müller*

„Zahnschmerzen" (1926) von *Moritz Heimann*

Arbeitsanregungen

1. Mit welchen Themenkreisen befassen sich Essayisten? Versuchen Sie, Gruppen zu bilden.
2. Erläutern Sie, inwiefern sich in den Titeln dieser Essays ▶ Merkmale essayistischen Schreibens (Seite 7) spiegeln.

2.2 Zwei Beispielessays aus unterschiedlichen Zeiten

Christoph Martin Wieland
Über die ältesten Zeitkürzungsspiele (1781)

Nachdem Wieland über die Geschichte des Schachspiels und dessen Beliebtheit bei Fürsten und Regierenden geschrieben hat, fährt er folgendermaßen fort:

Da ich einmal über diese Materie geraten bin, so werden Leser, die für alles Menschliche und also auch für die Spiele der Menschen einige Anmutung haben[1], sich vielleicht nicht verdrießen lassen, bei dem Spiele, das einst so viel Reiz für die Herren der Welt hatte, noch ein wenig zu verweilen.

Und warum sollten denn die Spiele der Menschen unserer Aufmerksamkeit unwürdig sein? Spielen ist die erste und einzige Beschäftigung unserer Kindheit und bleibt uns die angenehmste unser ganzes Leben durch. Arbeiten wie ein Lastvieh ist das traurige Los der niedrigsten, unglücklichsten und zahlreichsten Klasse der Sterblichen, aber es ist den Absichten und Wünschen der Natur zuwider. Der Mensch ist nur dann an Leib und Seele gesund, frisch, munter und kräftig, fühlt sich nur dann glücklich im Genuss seines Daseins, wenn ihm alle seine Verrichtungen, geistige und körperliche, zum Spiele werden. [...] Nehmet vom Leben weg, was erzwungener Dienst der eisernen Notwendigkeit[2] ist, was ist in allem Übrigen nicht Spiel? Die Künstler spielen mit der Natur, die Dichter mit ihrer Einbildungskraft, die Philosophen mit Ideen und Hypothesen, die Schönen mit unserem Herzen und die Könige – leider! – mit unseren Köpfen. Wo ist je ein Fest, ein Tag öffentlicher geselliger Freude ohne Spiele gewesen? Und wie oft ist nicht (wie das Sprichwort sagt) aus Spiel Ernst, und das, was schuldloser Scherz und Nepenthe[3] der Sorgen des Lebens sein sollte, zur Quelle des bittersten Kummers geworden? Wie oft haben ganze Völker ihre Freiheit, ihren Ruhm, ihr Glück, im eigentlichsten Verstande[4] verspielt? – Bloß in der Beschaffenheit der Spiele und in der Art zu spielen liegt der Unterschied, der ihren guten oder bösen Einfluss, ihre heilsamen oder verderblichen Folgen bestimmt: Aber eben dies ist's, was sie in der Charakteristik der Völker und Zeiten bedeutend und merkwürdig macht.

Ein aufgeklärter Geist verachtet nichts. Nichts, was den Menschen angeht, nichts, was ihn bezeichnet[5], nichts, was die verborgenen Federn und Räder seines Herzens aufdeckt, ist dem wahren Philosophen unerheblich. Und wo ist der Mensch weniger auf der Hut, als wenn er spielt? Worin spiegelt sich der Charakter einer Nation aufrichtiger als in ihren herrschenden Ergötzungen? Was Plato von der Musik eines jeden Volkes sagt, gilt auch von seinen Spielen: Keine Veränderung in diesen[6] (wie in jener[7]), die nicht entweder die Vorbereitung oder die Folge einer Veränderung in seinem[8] sittlichen oder politischen Zustand wäre!

Ich würde es daher als eine selbst des scharfsinnigsten Menschenforschers keineswegs unwürdige Beschäftigung ansehen, wenn ein solcher sich entschlösse, die Geschichte der Spiele, mit philosophischen Augen betrachtet, zum Gegenstand einer genauen und vollständigen Untersuchung zu machen.

Doch wieder zu dem Lieblingsspiele der Römer! [...]

---

1 **Anmutung haben:** Neigung haben
2 **erzwungener Dienst der eisernen Notwendigkeit:** hier so viel wie: Was der Mensch gezwungen ist zu tun: Daseinsvorsorge usw.
3 **Nepenthe:** orientalische Fröhlichkeitspillen (aus Hanf und Opium) gegen die Sorgen
4 **im eigentlichsten Verstande:** hier: im eigentlichen Sinne des Wortes
5 **bezeichnet:** kennzeichnet
6 **diesen:** gemeint sind die Spiele
7 **jener:** gemeint ist die Musik
8 **seinem:** gemeint ist das Volk

Joseph von Westphalen
Warum ich nicht Schach spiele
(1995)

Spiele haben ihr Image und ihre Verächter. Skat gilt als Spiel fürs einfache Volk, Bridge ist etwas für feine Pinkel, Monopoly für Wucherer, Dame und Mühle spielen nicht altern wollende Pfadfinder, und würfeln tun Zuhälter und Soldaten. Nur das Schachspiel hat keine Gegner. Schach wird für ein stilles und intelligentes Spiel gehalten, ein Spiel für scharfe Denker, für Leute mit Kopf, für Rechner, die sich nicht auf ihr Glück verlassen. Vor Schach haben sogar Gangster Respekt.

Das hohe und ungetrübte Ansehen des Schachspiels ist mir schon immer auf die Nerven gegangen. Eine Sache, die keine Feinde hat, muss ihre Haken haben. Feinde hat Schach deswegen nicht, weil es den Ruf eines Intelligenz-Spiels hat. Wer also etwas gegen Schach sagt, der erhebt seine Stimme gegen die Intelligenz, und das ist unklug. Wer schlecht Schach spielt, zweifelt nie am Schachspiel, sondern immer an sich selbst. Dies ist das Perfide am Schach und mein erster Einwand: dass es als ein Messinstrument des Denkvermögens angesehen wird. Der miserable Schachspieler muss sich für einen geistigen Schwächling halten.

Aus mir spricht gereifte Erfahrung. Die wenigen Partien, die ich jemals spielte, quälten mich, ob ich gewann oder verlor. Ich bekam Kopfschmerzen, Magenzwicken, Ohrensausen und nervöse Beine. Nach jedem Spiel war mir übel. Dies alles hielt ich, mit einiger Trauer, für Symptome meiner überforderten Intelligenz. Offenbar war ich doch nicht der klare Denker, für den ich mich gehalten hatte. Das Schachspiel hatte mir meine Grenzen gezeigt. Inzwischen weiß ich längst, dass nur der Ekel mir solche Pein verursachte. Denn das edle Brettspiel hat durchaus seine widerwärtigen Züge. Unter dem Deckmantel des logischen Denkens wird auf den 64 Feldern eine grässliche Schlacht geschlagen. Es werden Fallen gestellt, es wird umzingelt, belagert, verfolgt; es gibt Angriff und Rückzug, es werden – eine besonders verräterische Formulierung – Figuren „geopfert", bevorzugt Bauern; es wird immer mehr in die Enge getrieben, es wird gedroht, gemetzelt; es gibt immer mehr Tote und schließlich muss sich einer der beiden befeindeten Könige ergeben oder er wird matt gesetzt.

Das Schachspiel ist auf nichts als auf die Vernichtung des Gegners ausgerichtet. Es schließt unbarmherzig den glücklichen Zufall aus, der einem im Leben gelegentlich weiterhilft.
Nur die Fehler des Gegners helfen einem weiter. Es ist ein Spiel ohne Gnade, ohne Charme, ohne Witz. Ein Spiel fürs Offizierskasino.
Natürlich sind Schachspieler besonders friedliche und sanfte Menschen, und ich möchte jetzt auch nicht in ihre Seelen blicken und herumspekulieren, ob sie innerlich blutrünstig sind oder ob sie am Ende deswegen so friedfertig sind, weil sie sich mit ihren Bauern und Läufern und Türmen und Rössern austoben können.
Die schönsten Elfenbeinfiguren und die raffiniertesten Züge können nicht darüber hinwegtäuschen, dass Schach ein brutales Killerspiel ist, der vornehme Vorgänger der Computer-Video-Spiele, bei denen auf den Bildschirm glotzende Halbwüchsige irgendwelche Feinde bekämpfen.
Überhaupt ist die Verbindung von Schach und Computer nicht von ungefähr. Denn die vertrottelte Logik des Schachspiels, die nichts als den Sieg durch ein dauerndes Vermeiden von allen nur möglichen Fehlern im Sinn hat, ist auch die dem Computer eingebläute Denkweise. Daher hat sich der Schachcomputer in jüngster Zeit auch zum Trainingspartner des leidenschaftlichen Schachspielers entwickelt. Ihm kann es jetzt der Denkstratege am Brett zeigen, dass er immer noch der Bessere ist.

Denn ständig will der Schachspieler besser sein. Das hat er mit den Fußballspielern gemeinsam, aber die lehne ich auch ab. Ich lehne überhaupt alle Spiele ab, wo man gewinnt und verliert, und besonders solche, wo man Weltmeister werden kann. Das Gestrampel um den Sieg kann ich nicht normal finden.
Da wird herausgefordert, da werden Titel verteidigt, da geht es ja zu wie im richtigen Leben. Wenn ich spiele, dann möchte ich mich vom Leben erholen. Das Schach aber wiederholt nur den Irrsinn der Weltgeschichte auf einem kleinen Brett. Man strengt sein Hirn ausschließlich dazu an, den Gegner möglichst schnell auszurotten, und man hat die Partie auch dann gewonnen, wenn das eigene Heer weitgehend abgeschlachtet ist. Allein der König, dieses unbewegliche Monstrum, muss geschützt werden.
Natürlich begreifen die Schachspieler ihr Gemetzel nicht als traurige Parabel der Völkerschlachten, sondern als vergnüglichen Denksport. Man runzelt die Stirn wie ein Generalstäbler und zieht dabei an seiner Pfeife. Man übt seinen Geist. Man ist stolz auf seine überaus sinnvolle Freizeitbeschäftigung.
Seinen eigenen Kindern verbietet man jegliche Art von Kriegsspielzeug, aber dem Ältesten bringt man schon mit acht, neun, zehn das königliche Brettspiel bei, denn man misst seine Kräfte gern mit dem Nachwuchs und freut sich als guter Vater über den ersten Sieg des Sohnes. Der taugt zum Leben.
Ob auf Rasen, Aschenbahn oder auf dem Schachbrett – Sport ist immer Mord. Das eitle Messen der Kräfte hat etwas Stumpfsinniges an sich. Und jeder Pokerspieler, der mit falschen Karten sein Gegenüber betrügt, jeder verärgerte Mensch-ärgere-dich-nicht-Spieler ist mir lieber als diese Pseudologiker am Schachbrett, bei diesem ach so demokratischen Spiel, bei dem der Hochschulphilosoph mit dem Automechaniker, der Pfarrer mit dem Bürgermeister ihr abstraktes Vernichtungsdenken üben.
Ist denn, zum Teufel, die Logik nur dazu da, dass man sich wortlos vernichte? Die Frauen wissen schon, warum sie dieses durch und durch männliche Spiel meiden – von Ausnahmen abgesehen, die dann, zu allem Überfluss, nicht einmal hormongestörte Diskuswerferinnen sind oder vom Damenbart heimgesuchte Buchhalterinnen, sondern, so will es die unerbittliche Wirklichkeit, Schönheiten mit langen Wimpern, die es sich und der Schachwelt beweisen, dass man auch mit gutem Aussehen klug sein kann. – Aber es ist ja eben nicht klug, ein Meister im Schachspiel zu sein. Es ist vielmehr gemein. Und die Gemeinheit kommt bekanntlich des Öfteren mit hübschem Augenaufschlag daher.
Den Hunderten von Schachclubs aller Länder, den Groß- und Klein- und Weltmeistern, den Simultanprofis, den Wunderkindern und Wundergreisen rufe ich mutig entgegen: Schach ist Schwachsinn, ist Computerlogik, ist Zeitverschwendung. Schach ruiniert das Denken, wie das Fahren auf kreuzungsfreien Schnellstraßen den Ortssinn ruiniert: Um zehn Meter nach links zu kommen, muss man einen drei Kilometer langen Rechtsbogen fahren. Das macht verrückt.
Die Logik ist nicht dazu da, um zu gewinnen, sondern um sich gute Argumente gegen die Spielregeln auszudenken, um das Quadrat zu verhöhnen und um geometrische Muster zu missachten, um im richtigen Augenblick auf den Tisch zu hauen, dass all die sorgsam platzierten Figuren endlich zu tanzen beginnen und hoffnungslos durcheinandergeraten.

Arbeitsanregungen

1. Überprüfen Sie die ▶ Merkmale essayistischen Schreibens (Seite 7) an den Essays von Christoph Martin Wieland und Joseph von Westphalen. Weisen Sie im Einzelnen folgende Merkmale durch Textbeispiele nach:
   - das subjektive Schreiben
   - das assoziative Schreiben bzw. der „rote Faden", der nicht verloren geht
   - das „Umkreisen" eines Themas
   - die pointierte Darstellung und der elegante Stil
   - die Einbeziehung der Leser
2. Erörtern Sie: Wo würden Sie die beiden Essays eher verorten: beim subjektiv-assoziativen oder beim erörternd-systematischen Schreiben?

ANREGUNGEN ZUR WEITEREN ARBEITSPLANUNG

Sie haben in **Teil A** erfahren, welches die inhaltlichen und formalen Merkmale der Schreibform „Essay" sind, und diese an zwei Beispielessays aus unterschiedlichen Zeiten nachgewiesen.

In **Teil B** werden Sie systematisch angeleitet, einen Essay selbst zu verfassen.
Dies soll zu den folgenden Themen geschehen:

- Fast Food

- Aberglaube

- Bücher versus E-Books

- Körperkult

- Angst

- Lügen und Wertvorstellungen

- Berufswahl

Um Essays zu diesen Themen schreiben zu können, erhalten Sie Dossiers – das sind Materialsammlungen –, aber auch Texte von „professionellen Essayisten" und Beispiele von Schülerinnen und Schülern.

Es ist ratsam, die weiteren Kapitel von Teil B in der vorliegenden Reihenfolge zu bearbeiten, denn die Kompetenzen, die Sie dabei erwerben, bauen aufeinander auf.
In diesen Kapiteln finden Sie
- Schreibaufgaben auf der Grundlage von Textbausteinen und Auszügen aus professionellen Essays, Aufträge zu Stoffsammlungen ohne bzw. mit Dossiermaterialien und Anleitungen zum Verfassen von Abstracts (Kapitel B 1, „Materialsammlung und -aufbereitung", Seite 13–35),
- Anregungen zur Entwicklung einer Schreibhaltung (Kapitel B 2, „Thematische Entfaltung – Textfunktion und Schreibhaltung", Seite 36–48),
- Vorschläge zum Aufbau eines Essays (Kapitel B 3, „Die Logik des Aufbaus – Einen Schreibplan erstellen", Seite 49–58),
- ein Schreibtraining für essayistische Stilübungen (Kapitel B 4, „Schreibwerkstatt Essay – Stilübungen", Seite 59–66),
- eine Lernstandserhebung auf der Grundlage eines Beispielessays (Kapitel B 5, „Analyse eines Beispielessays", Seite 67–71).

In **Teil C** erhalten Sie Dossiermaterialien. Diese ermöglichen es Ihnen, eigene Essays zu verfassen, und zwar
- zu bekannten Motiven (Beruf, Lügen, Angst) und
- zu neuen Themen (Namen, Freundschaft).

B Der Essay als Aufsatzform im Unterricht

In diesem Teil erfahren Sie, welche Arbeitsschritte zu einem selbstständig verfassten Essay führen, der den Merkmalen entspricht, die Sie in Teil A erarbeitet haben.

1 Materialsammlung und -aufbereitung

In diesem Kapitel erwerben Sie folgende Kenntnisse und Kompetenzen:
- einen fremden Text analysieren, indem Textbausteine, Überleitungen und Abschweifungen unterschieden werden,
- einen eigenen Text aus Textbausteinen, Überleitungen und Abschweifungen verfassen,
- einen Kurzessay ausweiten,
- Stoff sammeln mit Hilfe einer Mind-Map,
- Stoff sammeln mit Hilfe von Dossiermaterialien,
- Abstracts zu Dossiermaterialien verfassen,
- die Weiterentwicklung von Dossiermaterialien in „professionellen" Essays erkennen,
- den sprachlichen Stil von „professionellen" Essays analysieren,
- auf einen „professionellen" Essay produktiv in Form eines Leserbriefs reagieren.

1.1 Erste essayistische Schreibversuche

Eine Schreibaufgabe im Unterricht

Verfassen Sie den Beginn eines essayistischen Textes zum Thema „Fast Food", der aus folgenden vier Teilen besteht, die Sie noch ausweiten und zu einem Ganzen verbinden müssen:
- **Teil 1:** „Nur noch eine halbe Stunde Zeit, dann ..."
- **Teil 2:** Überleitung
- **Teil 3:** McDonald's hatte 2005 in Deutschland einen Netto-Umsatz von 2,424 Milliarden Euro, erwirtschaftet in 1264 Betrieben, dicht gefolgt von Burger King und Subway. Und noch eine Zahl ist aufschlussreich: Die Deutschen essen 8,1 Tiefkühl-Pizzen pro Kopf und pro Jahr, Tendenz steigend ...
- **Teil 4:** Abschweifung, irgendein Gedankengang, der sich daraus ergibt

Die Lösung der Schreibaufgabe (Aufsatz einer Schülerin)

Fa(s)t Food

Nur noch eine halbe Stunde Zeit, noch schnell einkaufen, dann die Kinder von der Schule abholen, zu Hause liegt ein Berg Wäsche. Wann soll man da noch kochen? Also hole ich wie immer drei Döner, da ist wenigstens Gemüse drin. Mit der gesunden Ernährung fange ich morgen an. Das denken sich tagtäglich viele andere Fast-Food-Konsumenten – wenn sie überhaupt Zeit dafür haben. Der Besuch eines Fast-Food-Restaurants hat seinen festen Platz im Alltag vieler Menschen. So hatte McDonald's 2005 einen Netto-Umsatz von 2,424 Milliarden Euro, erwirtschaftet in 1264 Betrieben, dicht gefolgt von Burger King und Subway. Und noch eine Zahl ist aufschlussreich: Jeder Deutsche isst pro Kopf und Jahr 8,1 TK-Pizzen – Tendenz steigend, proportional zum Stress. Doch nicht nur unter Zeitdruck wird zur Fertignahrung gegriffen; manch einer treibt sogar einen regelrechten

Kult um Big Mac & Co. Die Fan-Gemeinde wächst und wächst – wie der Körperumfang. Fast Food wird zu einem ernst zu nehmenden Gesundheitsrisiko. Ab und zu macht ja nichts – denke ich bei meinem täglichen Biss – und meine Kinder machen ja auch viel Sport. Überhaupt wird das Problem der zunehmenden Fettleibigkeit von den Medien nur unnötig aufgebauscht. Schließlich kann man mit Schock-Storys und Diät-Artikeln viel Geld machen. Bewegungsfaulheit – oder eben kein Sport, mein letzter Besuch in einem Fitness-Studio liegt sicher auch schon wieder ein halbes Jahr zurück, aber das teure Abo besänftigt mein Gewissen – ist wohl eher die Ursache der um sich greifenden Adipositas. Oder liegt das Problem etwa noch tiefer? In der Amerikanisierung, die über den Atlantik als zerstörerische Sintflut über unsere Gesellschaft schwappt?

Arbeitsanregungen

1. Der Aufsatz der Schülerin ist ohne Abschnitte abgedruckt. Markieren Sie die vier Abschnitte, die von den vier Teilen der Aufgabenstellung ausgehen.
2. Beschreiben Sie: Wie nähert sich die Schülerin dem Thema im ersten, wie im dritten und im vierten Teil?
3. Erläutern Sie den Titel, den die Schülerin ihrem Kurzessay gegeben hat.
4. Verfassen Sie nun selbst den Beginn eines essayistischen Textes.
   Dafür können Sie zwischen zwei Themenbereichen wählen: dem Themenbereich „Aberglaube" und dem Themenbereich „Bücher versus E-Books". Weiten Sie jeweils die folgenden vier Teile aus und verbinden Sie sie zu einem Ganzen.

   Aberglaube
   Teil 1: „Eigentlich überblättere ich diese Seite sofort – ‚Was dir die Sterne in dieser Woche sagen' ..."
   Teil 2: Überleitung
   Teil 3: Tatsache ist, dass viele, die sich auf Freiersfüßen bewegen, erst einmal überprüfen, wie das eigene Sternzeichen mit dem Sternzeichen der möglichen Partnerin/des möglichen Partners harmoniert – ein boomender Astromarkt, vor allem im Internet und im TV, und dies, obwohl doch ein englischer Statistiker bereits 2001 eine Million Ehen und Sternzeichen unter die Lupe bzw. das Fernrohr genommen und festgestellt hat, dass die Sterne keinerlei Einfluss auf das Gelingen oder Misslingen einer Partnerschaft haben.
   Teil 4: Abschweifung, irgendein Gedankengang, der sich daraus ergibt

   Bücher versus E-Books
   Teil 1: „Letzten Mittwoch im Lesesaal der Landesbibliothek: Fast ehrfürchtig gleiten meine Finger über die breiten, staubbedeckten Lederrücken der Inkunabeln, dieser frühen Drucke aus dem 15. Jahrhundert ..."
   Teil 2: Überleitung
   Teil 3: Mit dem papierlosen E-Book kann ein User digitalisierte Texte aus dem Internet herunterladen und sie mit Hilfe eines tragbaren Handheldbildschirms ansehen bzw. lesen. Der Akku eines E-Books ermöglicht ein 20-stündiges Lese-„Vergnügen" und seine Speicherkapazität von 8000 Seiten das Downloaden der gesammelten Werke von Goethe, Schiller und Büchner.
   Teil 4: Abschweifung, irgendein Gedankengang, der sich daraus ergibt

5. Geben Sie Ihrem essayistischen Text einen passenden und originellen Titel.

Eine Schreibaufgabe für den PC-Raum

Kunstvolle Körper

von Jörg Scheller

Der Geist ist willig, das Fleisch ist es auch: Wer heute seine Muskeln stählt und Kalorien zählt, ist in Wahrheit ein Künstler. Ein Körper-Künstler.

Der Sommer ist die schönste Zeit des Jahres – für Freibadbesuche, Straßenflirts und Kunstwissenschaft. Moment mal: Kunstwissenschaft? Riecht das nicht eher nach einer Indoor-Aktivität in unterkühlten Museen, begleitet vom Gemurmel älterer Professoren, die ihre Kunstgläubigkeit mit dem Beamtenstatus krönten? Im Gegenteil. Der Sommer ist diejenige Jahreszeit, in welcher wir mit einer wahren Fleischflut leicht bekleideter Menschkörper konfrontiert werden – zumindest wenn man Mitglied einer liberaldemokratischen Konsumkultur wie der unsrigen ist.

In solchen Kulturen tritt der Körper zunehmend als Kunstwerk in Erscheinung. Schließlich verfügen mehr Menschen als je zuvor über Zeit und Geld, sich selbst zu gestalten. Für schwere Arbeit wird der Körper zunehmend kaum noch benötigt. Was läge also näher, als ihn zu einer persönlichen Kunsthalle zu erklären und sich darin als Kurator zu betätigen? Kreativität gilt der postindustriellen Gesellschaft als höchstes Gut – und drückt sich heute am Fleische aus.

Muss ich wirklich so aussehen, wie ich aussehe?

Als Joseph Beuys verkündete, jeder sei ein Künstler, dachte er zwar nicht an Beauty-Nails und Intimrasuren. Doch es besteht kein Zweifel, dass sich der Wille zur Kunst heute auch abseits der Museen auf breiter physischer Basis artikuliert. Fitness und Bodybuilding, plastische Chirurgie [...] sowie Tätowierungen und Piercings verheißen wie die ältere Kunst den Ausstieg aus der Realität und den Eintritt in das freie, abenteuerliche Reich der Ästhetik.

Man kann die neuen „Klassenkörper", wie der Soziologe Pierre Bourdieu sie nannte, wie mittelalterliche Madonnenbilder oder die Experimente der Klassischen Moderne studieren. Da ist der klassizistische Typus des Fitnesssportlers: schlank, elegant, scharf konturiert, einem von der Antike inspirierten Schönheitsideal verpflichtet. Da ist der avantgardistische Typus des Bodybuilders: riesig, erhaben, verstörend, einer zweckfreien Ästhetik des Plus ultra verpflichtet. Da ist der Typus des urbanen Wilden, der sich vom Spießer durch Stammeszeichen, so genannte Tribal-Tattoos, distanziert. Da ist der Typus des Ganzkörperrasierten, der Frivolität, Unschuld und Purismus in sich vereint.

Was für Rückschlüsse auf Gegenwart und Vergangenheit erlauben diese Phänomene? Sie legen zunächst einmal nahe, dass die wenigsten sich für ein Leben nach dem Tode rüsten. Das Paradies ist irdisch geworden – doch genau deshalb sollte es überirdisch aussehen.

Lange Zeit war das anders. Die Theologen und Heiligen des christlichen Mittelalters zum Beispiel waren Beauty- und Fitnessmuffel. Genauer gesagt: Diese jenseitigen Personal Trainer versprachen ihren Kunden einen perfekten Körper erst nach dem Tod.

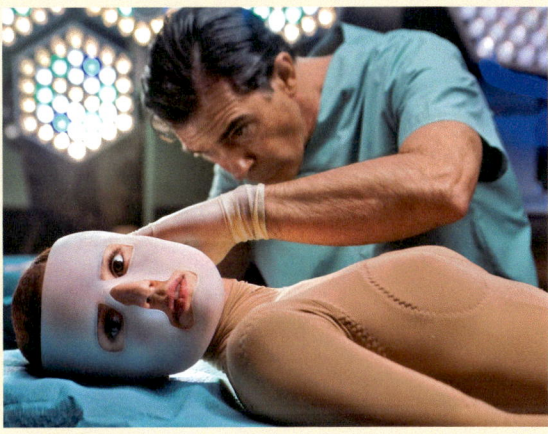

Davor galt es, wie Hiob alle körperlichen Qualen auf sich zu nehmen und nicht mit Schminke, Expandern oder Protein-Shakes gegen den von Gott verfügten Verfall aufzumucken.

In der Renaissance aber mehrten sich die Stimmen, die den Menschen als freies Wesen auffassten. Eine davon war Pico della Mirandola, der 1486 den Menschen als Chamäleon definierte: „Damit du wie ein Former und Bildner deiner selbst nach eigenem Belieben und aus eigener Macht zu der Gestalt dich ausbilden kannst, die du bevorzugst."

Bezeichnend ist, dass Pico Metaphern aus der Kunst verwendete. Von hier bis zur Leinwand des Fleisches ist es nicht mehr weit.

Was bei Pico geistig gemeint war, stellt die Moderne seit dem späten 18. Jahrhundert vom Kopf auf die Füße. Kaum hatte der Mensch Fabriken gebaut, kaum war er in die Großstädte gezogen, kaum hatte er sitzende Tätigkeiten aufgenommen, kaum hatte er Gott vergessen, da fragte er sich: Muss ich wirklich so aussehen, wie ich aussehe? Nachdem ich die Natur meinem Willen unterworfen habe, könnte ich doch auch mich selbst neu gestalten. Es bedurfte einer Körper-Kultur. Einer Körper-Kunst.

Wenige prägen die künstlerische Körperkultur des Abendlandes stärker als der preußische Kraftathlet Eugen Sandow. Im späten 19. Jahrhundert entwickelte der Lebemann die ersten Posingküren, prägte den Begriff „Bodybuilding" und schuf von Großbritannien aus ein internationales Fitness-Unternehmen. Obwohl er außergewöhnlich stark war, setzte Sandow gezielter als seine raubeinigen Konkurrenten auf Körper-Ästhetik. Auf den Bühnen der Varietés posierte er als Herkules, wurde zum Motiv von Künstlern. So bewahrheitete sich, was der Kunsthistoriker Hans Belting einmal über den menschlichen Körper schrieb: Er sei ein Bild, noch bevor er in Bildern nachgebildet werde.

Sandow inspirierte maßgeblich Arnold Schwarzenegger, für den das Körperbild ebenfalls wichtiger war als die Körperkraft. Im Dokudrama „Pumping Iron" (1977) verglich er das Bodybuilding folgerichtig mit der Bildhauerei: „Man formt den Muskel. Genau wie eine Skulptur." Der Kraftraum verwandelte sich zum Atelier. Anders als der Körper des Fitness-Adepten ist der Körper des Bodybuilders nicht funktional. Wie ein Kunstwerk ist er vor allem gemacht, um betrachtet und kommentiert zu werden.

Ungefähr zur selben Zeit, als Schwarzenegger sich als lebendiges Kunstwerk inszenierte, war auch die so genannte Body-Art mächtig en vogue. Der Konzept- und Performancekünstler Timm Ulrichs stellte sich 1966 als „Das erste lebende Kunstwerk" in Frankfurt aus. Das britische Künstlerpaar Gilbert & George begann um 1970, sich als „Living Sculptures" zu bezeichnen, und posierte in Museen und Galerien. Die jugoslawische Künstlerin Marina Abramovic unterzog sich öffentlicher Selbstfolter, um die Grenzen ihres Geistes und Körpers auszuloten. In den 90er-Jahren radikalisierte die französische Feministin Orlan die Body-Art, indem sie plastisch-chirurgische Eingriffe am eigenen Körper filmen ließ und als emanzipatorische Performances auswies. Body-Art und Bodybuilding sind die zwei Seiten einer Medaille – einmal progressiv, einmal konservativ.

Zum Glück ist die Körperkultur heute heterogener als zu Sandows Zeiten. Und nicht jeder ist so radikal wie Schwarzenegger oder Orlan. Auf die eine oder andere Weise müssen aber schließlich alle anerkennen, dass der Körper kein statisches Readymade mehr ist, sondern vielmehr eine existenzielle Knetmasse, aus der sich Kunstwerke formen lassen. Doch auch für diese leibhaftige Kunst gilt, was Karl Valentin sagte: „Kunst ist schön, macht aber viel Arbeit." Na ja, nicht immer schön. Bleibt die Arbeit.

Stuttgarter Zeitung, 28.8.2011, Sonntagsbeilage

Arbeitsanregungen

1. Diskutieren Sie im Unterricht über diesen Kurzessay und machen Sie sich Gesprächsnotizen, die Sie später als Stoffsammlung verwenden können.
2. Recherchieren Sie im Internet unbekannte Begriffe und Namen und machen Sie sich dazu ebenfalls Notizen.
3. Bearbeiten Sie diesen Text mit der Methode ▸ „Fahrerwechsel" – Textausweitung.

Methode   „Fahrerwechsel" – Textausweitung

Diese Methode eignet sich dafür, einen Kurzessay auszuweiten.
Stellen Sie sich vor, Sie seien die Beifahrerin/der Beifahrer auf einer Autoreise, deren Ziel Ihnen, dem Fahrer und dem Mitreisenden bekannt ist. Hin und wieder übernehmen Sie das Steuer und nutzen diese Zeit für kleinere Umwege zu Aussichtspunkten und Sie interessierenden Sehenswürdigkeiten. Im Fond des Wagens sitzt ein Mitreisender, der den Fahrerwechsel nicht als unangenehm erleben möchte, d.h. ohne größere Unterbrechungen und ohne eine störende Änderung des Fahrstils.

Auf die Textausweitung übertragen bedeutet diese Methode:

- Scannen Sie den Text im PC-Raum ein.
- Lassen Sie sich vom Text inspirieren, um an mehreren geeigneten bzw. Sie interessierenden Stellen eigene Gedanken und Abschweifungen hinzuzufügen.
- Nutzen Sie dafür Internetrecherchen.
- Verwenden Sie für Ihre Abschweifungen eine andere Schrift.
- Drucken Sie sämtliche ausgeweiteten Texte aus und gestalten Sie daraus eine Wandzeitung. Sie können die einzelnen Beiträge aber auch über das Smart-Board visualisieren.
- Vergleichen Sie: Bei wem sind die Übergänge gut gelungen? Wer hat geistvolle, anregende Abschweifungen geschrieben? Wie lenken die Schreiberinnen und Schreiber zum Text (der alten Fahrroute) zurück?
- Löschen Sie (aus urheberrechtlichen Gründen) sowohl die Originale als auch die Ausweitungen von den Festplatten der Rechner, an denen Sie gearbeitet haben.

Vom Original zur Textausweitung

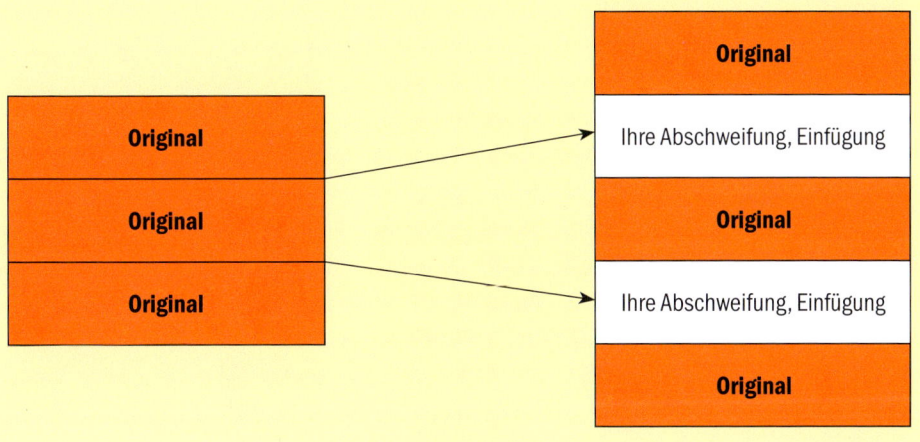

1.2 Stoffsammlung zum Thema „Fast Food"

Die freie Stoffsammlung mit Hilfe einer Mind-Map

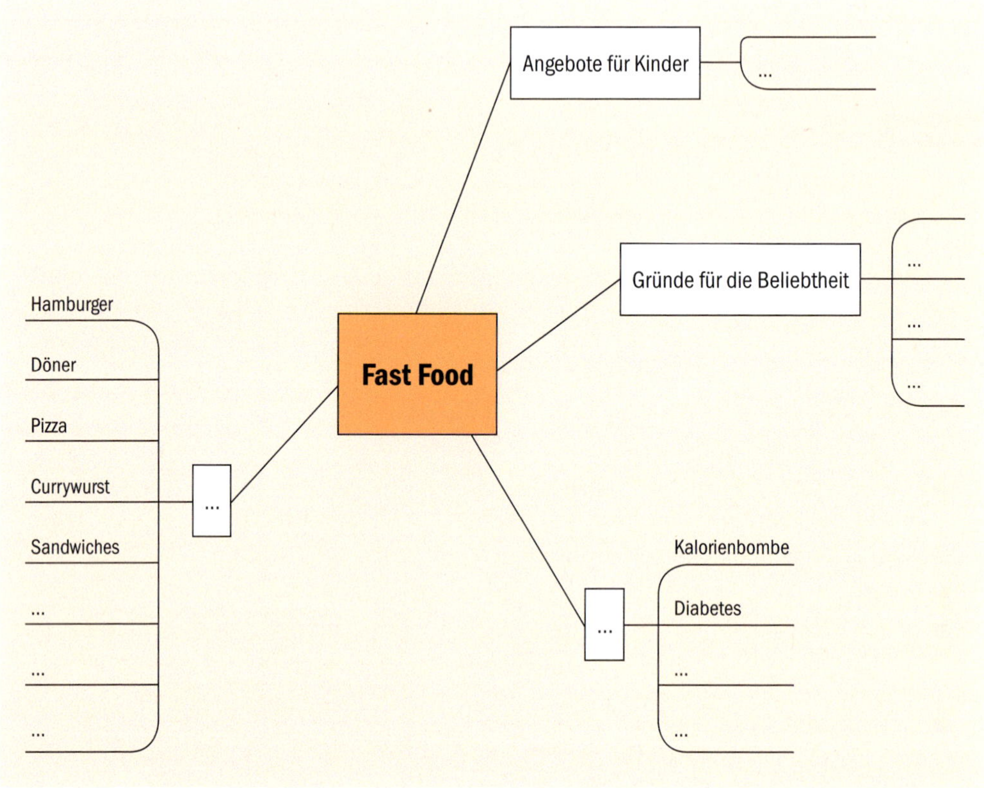

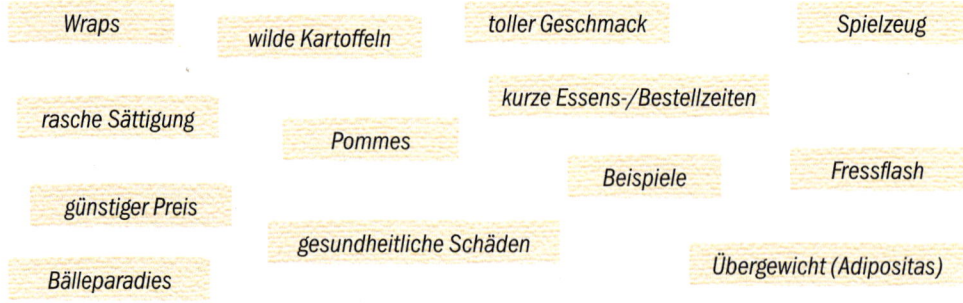

Arbeitsanregungen

1. Übertragen Sie die Mind-Map in Ihren Kursordner und vervollständigen Sie sie mit den folgenden Begriffen:

   Wraps — *wilde Kartoffeln* — *toller Geschmack* — *Spielzeug* — *rasche Sättigung* — *kurze Essens-/Bestellzeiten* — *Pommes* — *Beispiele* — *Fressflash* — *günstiger Preis* — *gesundheitliche Schäden* — *Übergewicht (Adipositas)* — *Bälleparadies*

2. Ergänzen Sie weitere Punkte und Unterpunkte, die Ihnen spontan einfallen.
3. Wo würden Sie in Ihrer Mind-Map Aspekte wie „unter 5 Euro", „to go", „Big Mac" und „Cheeseburger" eintragen?

Methode: Stoff sammeln

Außer der Mind-Map stehen Ihnen weitere Methoden der freien Stoffsammlung zur Verfügung, z.B.:

- **Tabellarische Methoden**: Hier fertigen Sie Tabellen an, in deren Spalten Sie Aspekte zum Thema eintragen. Hierher gehört
  die **BUWA**-Methode (**B**eschaffenheit eines Problems, **U**rsachen, **W**irkungen, **A**bhilfen) oder
  die **PMI**-Methode (**P**lus, **M**inus, **i**nteressante Ideen).

- Die **W-Fragen-Methode**: Mit Hilfe der W-Fragen (Wer? Was? Wann? Wo? Warum? Wie?) können Sie sich ein Stoffgebiet erschließen, aber auch mit Hilfe der

- **ABC-Methode**: Hierbei schreiben Sie zunächst einen interessanten, zum Thema gehörenden Aspekt auf, der mit „A", dann einen, der mit „B", mit „C" usw. beginnt.

- Das **Brainwriting** ist eine Methode, die sich für Gruppenarbeit eignet. Nachdem Sie sich zu einer Sechsergruppe zusammengefunden haben, bearbeitet jeder eine Blanko-Tabelle mit vier Spalten und sechs Zeilen. Zunächst tragen Sie in die oberste Zeile der ersten, linken Spalte Ihrer Tabelle Ihren Namen ein. Danach notiert jeder von Ihnen in den drei Spalten rechts von seinem Namen jeweils eine Idee, die ihm spontan zum Thema einfällt. Die Bedenkzeit für diese Runde beträgt drei Minuten. Anschließend schieben Sie Ihre Tabelle zu Ihrem rechten Nachbarn. Dieser trägt in die zweite Zeile der ersten Spalte seinen Namen ein und in die drei Spalten rechts davon Assoziationen, die sich für ihn aus den Ideen seines Vorgängers ergeben.
  Wichtig: Er **darf nicht** die Ideen aus der ersten Zeile seiner eigenen Tabelle wiederholen, sondern soll sich von den Ideen seines Vorgängers inspirieren lassen!
  Für die zweite und die folgenden Assoziationsrunden haben Sie nur noch zwei Minuten Bedenkzeit. Nach jeder Runde wird das Blatt mit der Tabelle weitergeschoben, sodass am Ende jeder wieder sein eigenes Blatt in den Händen hält. In jeder der drei Spalten sind beim Durchlauf Assoziationsketten entstanden, die ihren Ursprung in den ersten drei Ideen hatten.

- Bei der **Kalkül-Methode** handelt es sich um eine optische Visualisierung der Stofferschließung. Dabei werden wie bei einem Baumdiagramm Handlungsmöglichkeiten und deren Folgen durchgespielt. Hier ein Beispiel:

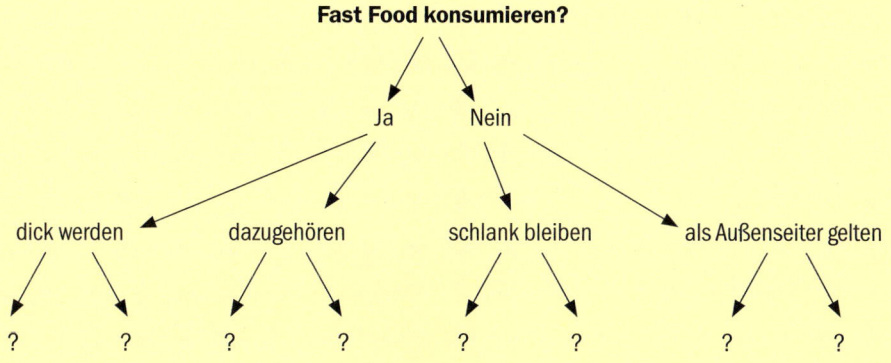

- Auch die **Methode der konzentrischen Kreise** hilft Ihnen dabei, Stoff zu sammeln. Gleichzeitig können Sie auf sehr anschauliche Weise ein Thema in einen größeren Zusammenhang einordnen. Auch hierzu ein Beispiel zum Thema „Fast Food":

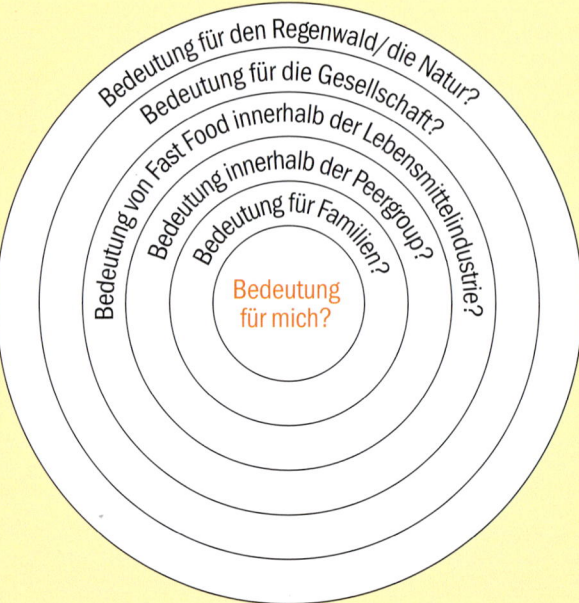

- Bei der **Methode „Allgemeinwissen"** finden Sie Ideen und Stoff zu Ihrem Thema mit Hilfe von Redensarten, Zitaten, Film- oder Buchtiteln. Hier ein paar Beispiele:
  – Redensarten:
    „zum Fressen gern haben"
    „appetitlich angerichtet"
    „all you can eat"
    „Hunger ist der beste Koch"
  – Zitate:
    „Erst kommt das Fressen, dann die Moral."
    „Ich kann gar nicht so viel fressen, wie ich kotzen möchte."
    „Wo der Hunger anfängt, hört der Verstand auf."
    „Der Mensch ist, was er isst."
    „Man kann einen Menschen mit guten Saucen ebenso unter die Erde bringen wie mit Strychnin, bloß dauert es etwas länger."
  – Filmtitel:
    „Das große Fressen"
    „Das Fast Food Duell"
    „In China essen sie Hunde"
  – Buchtitel:
    „Die Entdeckung der Currywurst"
    „Der Hungerkünstler"

Die gelenkte Stoffsammlung mit Hilfe eines Dossiers

Hans-Ulrich Grimm
Lexikonartikel zum Stichwort „Fast Food" (2010)

Fast Food aus Schnellgaststätten ist ein wichtiger Bestandteil der westlichen Zivilisationskost (→**Western Diet**). Dazu zählen in erster Linie →**Hamburger**, aber auch →**Pommes frites**. Die Wissenschaftler fördern immer neue Erkenntnisse über die gesundheitlichen Risiken des Fast-Food-Konsums zutage. So gelten etwa die künstlichen →**Transfette** als Risikofaktor für →**Übergewicht**, Herzkrankheiten und sogar die Zuckerkrankheit →**Diabetes**. Aber auch der übermäßige Fleischkonsum gilt als gesundheitlich problematisch. [...] Bislang stand Fast Food als →**Dickmacher** im Verdacht, es soll zudem zu Diabetes und Herz-Kreislauf-Erkrankungen führen und sogar das Risiko für Unfruchtbarkeit erhöhen. Als besonders bedenkliches Element gelten dabei die so genannten Transfette. Schätzungen zufolge sind die Transfettsäuren in den USA für 30 000 bis 100 000 frühzeitige Herztode pro Jahr verantwortlich. Neueste Studien zeigen, dass die Transfettsäuren nicht nur, wie bisher angenommen, dem Herzen schaden. Auch Nerven und Hormonhaushalt werden beeinflusst. Bei eineinhalb Jahre alten Kindern etwa war das Nervensystem umso schlechter entwickelt, je mehr Transfettsäuren sie im Blut hatten, wie Neurologen in einer Studie der Universität Groningen in Holland gezeigt haben. Forschungsarbeiten aus den US-Bundesstaaten Minnesota und Maryland ergaben, dass Transfettsäuren auch das Risiko für die Zuckerkrankheit Diabetes erhöhen. Der durchschnittliche Amerikaner isst täglich etwa 12 bis 15 Gramm dieser Fette, der Deutsche nach Schätzungen im Schnitt 2,2 Gramm pro Tag. Genaue Daten gibt es nicht, weil derlei Bestandteile der industriellen Nahrung nicht statistisch erfasst werden (→**Verzehrmengen**). Bereits 5 Gramm täglich erhöhen das Risiko für Durchblutungsstörungen am Herzen um 25 Prozent. Die Transfette erhöhen auch das Risiko, kinderlos zu bleiben, wie eine neue amerikanische Studie ergab.
Kinder und Jugendliche leiden zudem durch Fast Food oft unter einem Zinkmangel – was für das →**Gehirn** schädlich ist, namentlich für die Entwicklung der Nervenzellen und die Ausbildung von Synapsen. Als Ursache für Zinkmangel gilt, dass durch Fast Food auf Grund des hohen Phosphatanteils Zink gebunden werde. „Fast Food verändert das Gehirn wie Tabak oder Heroin", meldete Anfang 2003 das Wissenschaftsmagazin *New Scientist*. Manche Wissenschaftler glauben, wie das Magazin berichtete, dass durch die darin enthaltenen Zucker und →**Fette** manche Areale im Gehirn beeinflusst werden wie durch Drogen.
Die Rohstoffe für Fast Food, vor allem das Tierfutter fürs Rindfleisch, aber auch der Zucker für die →**Soft Drinks**, werden durch staatliche Zuschüsse an Landwirtschaft und Food-Konzerne seit Jahren künstlich verbilligt. Dadurch fördert der Staat den Fast-Food-Konsum – mit Erfolg: Gerade arme US-Bürger haben keine Wahl, sie müssen die billigen Schnell-Menüs essen. Jeder vierte Amerikaner geht jeden Tag in eine Fast-Food-Filiale. In Deutschland kommen jeden Tag 1,92 Millionen Menschen in die McDonald's-Filialen; im Durchschnitt gibt jeder Bundesbürger dort im Jahr knapp 31 Euro aus. McDonald's richtet sich mit seiner →**Werbung** und mit Aktionen wie Kindergeburtstagen auch an Kinder und Jugendliche. Wie oft die allerdings in die Filialen kommen, behält die Firma für sich: „Das wird nicht veröffentlicht", sagt eine Unternehmenssprecherin.

Timo Brunke
Bäck am Eck (2010)

Da kommt sie schon, da vorn, das heißt:
Nicht s i e kommt, sondern ich zu ihr,
Die kleine Bäckerei am Eck,
Ein Alt-Stuttgarter Souvenir.
5 Ich geb nicht preis das Wo und Wer,
Ich sag nur: sie ist im Verschwinden
Begriffen, und sie kommt nicht mehr.
Wen das ergreift, der wird sie finden.

An ihr ist wirklich gar nichts bunt.
10 Auf Deko-Ware sank der Staub.
Das Bäko-„Bäckerblume"-Mehl[1]
Dort im Regal, so out wie traut.
Doch hinter der Theke leuchtet Brot –
Nicht allzu viele, aber Sonnen
15 Sind diese Laibe, und von Hand
Geformte Backstub-Augenwonnen!

Dort wirkte er im Morgengraun,
Wo die Stellagen sich verkeil'n.
Er selber? „Hat sich hingelegt",
20 Erfahre ich in ein, zwei Zeil'n.
„Sein Apfelkuchen ist dran schuld"
Kommt eine Kundin zu mir her,
„Ond ao die Zwiebelbrötle, Sie! –
I trag nix Quergestreiftes mehr."

25 Salamiweckle schaun mich an,
Salatblattfrei, „konkrete Nahrung",
Die süßen Stückle, keines gleicht
Dem andern. Eine Offenbarung:
Selbst was dem Meister mal misslang,
30 Es weht dich an ein Uraroma,
Ein Duftgeschmack, ein Krustenklang,
Ich beiß hinein – und fall ins Koma:

Dies Laugenweckle, dieser Biss,
Reißt mich in einem Gaumenblick
35 Zurück in die Vergangenheit,
Hinein in dieses Kindheitsstück:
Ich steh, vor dreißig Jahren, stumm
In einer Schlange, Brötchen holen,
Im Bäckerladen drin. Da kommt
40 In einer Mehlstaubaureole
Der Bäcker Oelkrug aus der Backstub
Ein heißes Blech in jeder Hand,
Entleert's in einen heißen Drahtkorb –
Hat er zur Kundschaft sich gewandt?

1 **Bäko-„Bäckerblume"-Mehl:** Mehl einer bestimmten Marke

Mit keinem Gruß, doch alles schaut,
Wie er die guten Sachen bringt,
Er, der für unser täglich Brot
Sich nächtens aus den Kissen zwingt.
Dann kehrte er sich um und ging
50 Schwarz-weiß behost an uns vorüber
Und legte seinen Schurz im Gehen
Und den Beruf für immer nieder.

Noch duftet er und lässt sich finden:
Der Bäck am Eck ist am Verschwinden.

Grafik (2009)

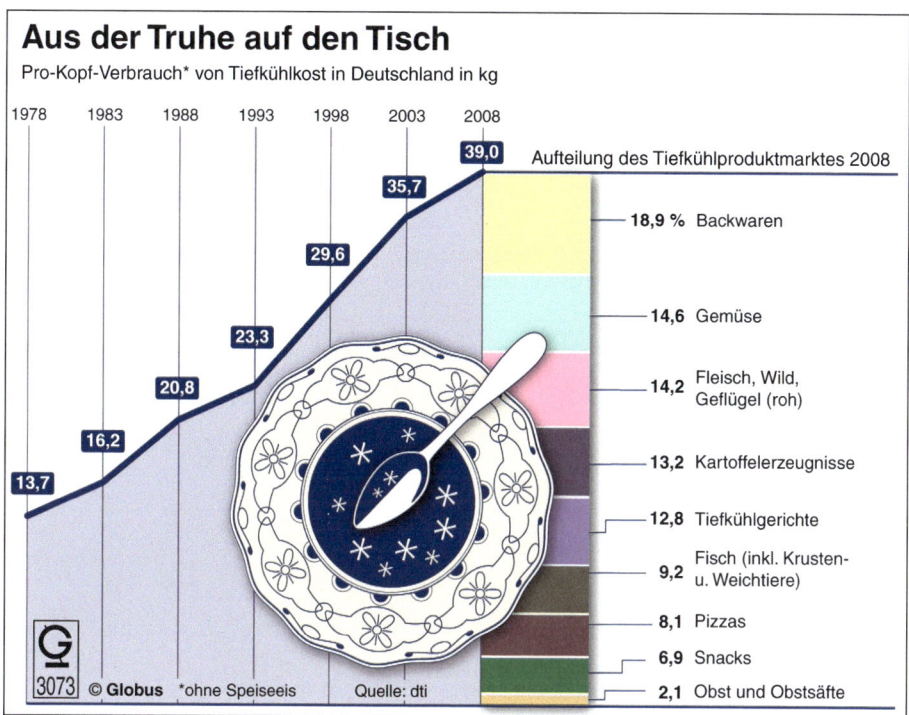

Karikatur (Freiburger Nachrichten, 21. 9. 2002)

Arbeitsanregungen

1. Klären Sie im Unterrichtsgespräch, in welchem inhaltlichen Zusammenhang die vier Materialien des Dossiers mit dem Thema „Fast Food" stehen.
2. Halten Sie die im Unterrichtsgespräch gefundenen Aspekte fest und integrieren Sie sie in Ihre ▶ Mind-Map (Seite 18).

Methode — Grafiken bzw. Schaubilder auswerten

Es ist durchaus üblich, dass Sie als Dossier auch Zahlenmaterial in Form von Grafiken oder Schaubildern erhalten. Dabei müssen Sie folgende Fragestellungen beachten:

1. Wo ist die Grafik erschienen?
2. Wer hat die Grafik erstellt?
3. Welche Form hat die Grafik? Handelt es sich um
   ein Balkendiagramm,
   ein Säulendiagramm,
   ein Kreisdiagramm,
   eine Verlaufskurve usw.?
4. Handelt es sich um absolute Zahlen oder um relative Zahlen, d.h. um einen Index?
5. Worauf beziehen sich die Zahlen?
6. Aus wie vielen Bestandteilen besteht die Grafik? Wie ist sie aufgebaut?
7. Was ist die „Gesamtaussage" der Grafik? Lässt sie sich in einen Basissatz umformulieren wie bei einer Inhaltsangabe?

Methode — Karikaturen auswerten

Die Dossiermaterialien, die Ihnen vorgelegt werden, können auch Karikaturen enthalten, die auf pointierte, übertriebene Weise einen Sachverhalt oder ein Problem darstellen. Um eine Karikatur auszuwerten, zu verstehen und richtig zu deuten, sollten Sie sich folgende Fragen stellen:

1. Was ist auf der Karikatur zu erkennen? Welche Situation ist dargestellt?
2. Welche Personen, welche Gegenstände sind dargestellt? Wie sind diese angeordnet? Was lässt sich auf Grund der gewählten Anordnung feststellen?
3. Was wird übertrieben dargestellt?
4. Wie muss man diese Personen oder Gegenstände auf Grund dieser Übertreibungen interpretieren?
5. Was ist folglich die Gesamtaussage der Karikatur? Lässt sie sich in einen Basissatz umformulieren wie bei einer Inhaltsangabe?
6. Welche Haltung hat die Karikaturistin/der Karikaturist zu dem dargestellten Sachverhalt? Wie stehen Sie zur Haltung der Karikaturistin/des Karikaturisten?

Abstracts zu Dossiermaterialien

Methode — **Abstracts schreiben**

Abstracts sind stark verkürzte Inhaltsangaben und gleichen dem fett gedruckten Vorspann einer Zeitungsnachricht bzw. den Infokästen, die sich manchmal am Ende einer Reportage finden. Wenn Sie für einen Essay Dossiermaterialien erhalten oder selbst zusammengestellt haben, sollten Sie zu jedem Material ein Abstract verfassen.

Gehen Sie dabei so vor:

- Bei einem **Abstract zu einem Sachtext** exzerpieren Sie die darin enthaltenen wesentlichen Informationen und reorganisieren sie anschließend, d. h., Sie müssen die Informationen nach einem sinnvollen, selbst zu findenden Gliederungsprinzip umgruppieren und in Ihrem Abstract in reorganisierter Form darstellen.

- Bei einem **Abstract zu einem literarischen Text** dürfen Sie sich nicht auf eine reine Textwiedergabe beschränken. Vielmehr müssen Sie „zwischen den Zeilen lesen" und Ihr Abstract so verfassen, dass eine Beziehung zum Thema deutlich wird. Das Abstract zu einem literarischen Text ist also ein Stück weit eine Interpretation.

- In einem **Abstract zu einer grafischen Darstellung** nennen Sie einleitend das Erscheinungsjahr, die Quelle und die wesentlichen Inhalte. Im Hauptteil legen Sie dar, wie die Grafik aufgebaut ist, d. h., welche Diagrammform(en) sie enthält und welche Tendenzen sich aus ihr ablesen lassen. Eine Nennung sämtlicher Daten ist ungünstig, weil dies die Leserin/den Leser nur verwirrt. Jemand, der die Grafik nicht kennt, sollte in der Lage sein, diese mit Hilfe Ihres Textes in Grundzügen zu erstellen.

- Das **Abstract zu einer Karikatur** ist keine Bildbeschreibung. Vielmehr nennen Sie wie beim Abstract zu einer grafischen Darstellung einige auffällige Details und setzen diese zueinander in Beziehung. Im Wesentlichen geht es darum, dass Sie die Pointe einer Karikatur erkennen und richtig darstellen.

Die gesamte Stoffsammlung – ob mit oder ohne Dossiermaterialien – dient Ihnen nur dazu, sich einen Überblick über das Stoffgebiet zu verschaffen. Da der Essay ein Thema einseitig und subjektiv behandelt (▶Merkmale essayistischen Schreibens, Seite 7), müssen Sie sich nach der Sammlung des Stoffes für denjenigen Aspekt entscheiden, der Ihnen ergiebig und sinnvoll erscheint. Sie wählen also einen oder zwei zusammenhängende Äste einer Mind-Map als Grundlage für Ihren Essay aus.

Ähnlich verhält es sich bei den Abstracts. Diese dienen lediglich dazu, Ihnen Impulse und Anregungen für die Niederschrift Ihres Essays zu liefern. Dazu ist es hilfreich, sich einige Ideen zum Weiterdenken und einige gelungene sprachliche Formulierungen zu notieren.

Tipp: Ein Dossiermaterial, das sich **nicht** mit der Denkrichtung Ihres Essays vereinbaren lässt, können Sie außer Acht lassen.

In Ihrem Essay müssen die Dossiermaterialien diskret im Hintergrund bleiben. Auf keinen Fall sollten Sie lediglich die Abstracts zu den Materialien miteinander verknüpfen, denn Ihr Text muss weitestgehend eigene Gedanken enthalten.

Uwe Timm
Die Entdeckung der Currywurst
(Auszug, 1993)

In seiner Novelle „Die Entdeckung der Currywurst" erzählt Uwe Timm von Frau Brücker, seiner Heldin, die in den Nachkriegsjahren in Hamburg durch einen Zufall die Currywurst erfunden haben soll.

Sie stellte die Pfanne auf das Gas und schüttete den vom Boden zusammengeschobenen Curry samt Ketchup hinein. Da, langsam, erfüllte sich die Küche mit einem Duft, einem Duft wie aus Tausendundeiner Nacht. Sie probierte von diesem warmen rötlichbraunen Matsch und schmeckte, das schmeckte, ja, wie schmeckte das? Es war ein Kribbeln auf der Zunge, der Gaumen schien sich zu weiten, genau, das war es, was so schwer beschreibbar ist, mit bitter oder süß und schon gar nicht mit scharf, nein, der Gaumen wölbte sich, machte sich und die Zunge spürbar, ein Erstaunen, etwas, das sich auf sich selbst, auf das Schmecken richtete. Ali Baba und die vierzig Räuber, Rose von Stambul[1], das Paradies. Den Abend über experimentierte sie, nahm kleine Proben von dem Matsch am Boden, tat etwas Pfefferminze und etwas wilden Majoran hinzu, was beides nicht so gut schmeckte, versuchte es mit etwas Vanille, was gut war, mit etwas schwarzem Pfeffer, [...] etwas von dem Rest Muskatnuss [...] und etwas Anis. Sie schmeckte diesen rotbraunen Matsch ab: Genau das war die Abrundung. Dafür gab es keine Worte. Und weil sie seit dem Frühstück nichts gegessen hatte, schnipselte sie sich eine von den hautlosen Kalbsbratwürsten in die Pfanne, briet sie mit dem Currymatsch. Und was sonst nur dröge und labberig schmeckte, war fruchtigfeucht mit diesem fernen, unbeschreibbaren Geschmack. Sie saß und aß mit Genuss die erste Currywurst. Nebenher schrieb sie auf einem aus einer alten Illustrierten herausgerissenen Zettel das Rezept auf, notierte sich die Gewürze, die auf der Dose angegeben waren, auch ihre Zusätze: Ketchup, Vanille, Muskat, Anis, schwarzer Pfeffer und frische Senfkörner, die eigentlich für einen Wadenwickel gedacht waren.

Am nächsten Morgen, einem nasskalten Dezembertag, grau in grau, kamen die ersten Kunden an die neu eröffnete Imbissbude von Frau Brücker, zuerst die Nutten aus dem Billigpuff der Brahmsstraße, übernächtigt, geschafft, fix und fertig. Was hatten sie aber auch alles über sich ergehen lassen müssen. Es gab nichts, was es nicht gab. Sie hatten einen verdammt faden Geschmack im Mund und wollten jetzt etwas Warmes, auch wenn es happig teuer war, 'ne echte Tasse Bohne und 'ne Bockwurst oder 'ne Bratwurst, was es eben gab. Aber heute gab es weder Bockwurst noch Bratwurst, heute gab es nur verschrumpelte Bratwürste. Sahn aus wie 'n Witz. Die wurden auch noch kleingeschnitten, überschmiert mit so 'ner grässlichen roten Soße, nein, einem rotbraunen Brei. Scheußlich, sagte Moni, aber dann, nach dem ersten Bissen, ein Schmecken, dass sie sich wieder spürte. Mann inner Tonne, sagte Moni. Das Grau hellte sich auf. Die Morgenkälte wurde erträglich. Es wurde ihr richtig warm, die lastende Stille laut, ja, sagte Lisa, det macht Musike, jenau. Lisa, die seit drei Monaten in Hamburg arbeitete, sagte: Det isset, wat da Mensch braucht, det is eenfach schaaf.

Damit begann der Siegeszug der Currywurst, ging aus vom Großneumarkt, kam zu einer Bude auf der Reeperbahn, dann nach St. Georg, dann und erst dann mit der Lisa nach Berlin, wo Lisa einen Stand an der Kantstraße aufmachte, kam nach Kiel, Köln, Münster, nach Frankfurt, machte aber sonderbarerweise halt am Main, dort behauptete die Weiß-

1 **Rose von Stambul:** Name einer Oper, hier als Chiffre für morgenländische Köstlichkeiten gebraucht

wurst ihr Gebiet, die Currywurst kam dafür nach Finnland, nach Dänemark, sogar nach Norwegen. Die südlichen Länder hingegen erwiesen sich als resistent, allzu sehr, da hat Frau Brücker recht, gehört ein in Bäumen und Büschen westernder Wind² dazu. Ihre Herkunft hängt mit dem Grau zusammen, dessen Gegensatz im Schmecken das Rotbraun ist. Resistent erwiesen sich auch die oberen Gesellschaftskreise, keiner der Perrier-Jungs, keine der Boutiquentussis essen sie, denn man muss sie im Stehen essen, so zwischen Sonne und Regenschauer, zusammen mit einem Rentner, einem ausgeflippten Mädchen, einem nach Pisse stinkenden Penner, der einem seine Lebensgeschichte erzählt, einem King Lear³, so steht man und hört eine unglaubliche Geschichte, mit diesem Geschmack auf der Zunge, wie die Zeit damals war, aus der die Currywurst kam: Trümmer und Neubeginn, süßlichscharfe Anarchie.

2 **westernder Wind:** steifer Westwind

3 **King Lear:** König in der gleichnamigen Tragödie Shakespeares, hier auf den Obdachlosen bezogen, weil dieser wie König Lear ein abenteuerliches Leben hatte.

Arbeitsanregungen

1. Verfassen Sie ein Abstract zum Auszug aus der Novelle „Die Entdeckung der Currywurst" von Uwe Timm. Beachten Sie dabei die Hinweise zum Thema ▶ Abstracts schreiben (Seite 25).
2. Notieren Sie den Bezug des Novellenauszugs zum Thema „Fast Food", Ideen zum Weiterdenken und Weiterspinnen und einige Zitate bzw. anschauliche Formulierungen.

Abstracts – Einmal richtig, einmal falsch

Häufig werden beim Verfassen von Abstracts Fehler gemacht, sodass sie keine Hilfe für das Schreiben eines Essays sind. Im Folgenden können Sie gelungene und fehlerhafte Abstracts zum Lexikonartikel, zu dem Gedicht, der Grafik und der Karikatur (Seite 21–23) miteinander vergleichen.

Abstracts zu: Hans-Ulrich Grimm, Lexikonartikel zum Stichwort „Fast Food", Seite 21

[1] Hans-Ulrich Grimm befasst sich in seinem Lexikonartikel mit den negativen Folgen von Fast Food. Hierbei nennt er vor allem „gesundheitliche Risiken" (Z. 6f.) wie Übergewicht, Herzkrankheiten, Diabetes und Unfruchtbarkeit. Besonders gefährdet sind zwei Zielgruppen der Fast-Food-Konzerne: Kinder und Jugendliche, weil deren Nervensystem und Gehirn sich auf Grund des Verzehrs von Fast Food langsamer entwickeln, aber auch Angehörige der unteren US-amerikanischen Gesellschaftsschicht, da diese sich überwiegend von staatlich bezuschusstem und dadurch verbilligtem Fast Food ernähren.

Bezug zum Thema: gesundheitliche Schäden
Idee zum Weiterdenken: Verantwortung? Konzerne? Regierung? Zwei-Klassen-Ernährung?
Zitate/anschauliche Formulierungen: „Fast Food verändert das Gehirn wie Tabak oder Heroin" (*New Scientist*), „Schnell-Menüs" (Z. 68) an Stelle von „Fertiggerichten" und „Fast Food"

2 Hans-Ulrich Grimm schreibt in seinem Lexikonartikel, dass man von Fast Food, also von Hamburgern und Pommes frites, Übergewicht, Herzkrankheiten und Diabetes bekommt. Danach weist Grimm darauf hin, dass der Fast-Food-Verzehr nicht nur dick macht, sondern auch das Nervensystem schädigt, aber Letzteres nur bei Kindern. Dafür droht Erwachsenen Unfruchtbarkeit. Nun kommt er wieder auf Kinder und Jugendliche zu sprechen, deren Gehirn durch Fast Food geschädigt wird. Zum Schluss seines Artikels befasst er sich dann mit den armen US-Bürgern insgesamt, also Jugendlichen und Erwachsenen. Diese verzehren vor allem deshalb Fast Food, weil diese Form von Ernährung günstig ist, denn die Regierung verbilligt sie durch Subventionen.

Abstracts zu: Timo Brunke, „Bäck am Eck", Seite 22

1 Das lyrische Ich in Timo Brunkes Gedicht „Bäck am Eck" beklagt das Verschwinden der kleinen Familienbäckereien, in denen es sich in seine Kindheit zurückversetzt fühlt. Insbesondere rühmt es deren Backwaren mit dem unvergleichlichen Geschmack und Duft und die Arbeit des Bäckers, der nachts für seine Kunden diese Köstlichkeiten gebacken hat.

Bezug zum Thema: keine maschinell, sondern individuell hergestellten Lebensmittel, Liebe des Bäckers zur Arbeit/Arbeitsethos des Bäckers, Slow Food statt Fast Food, Anerkennung der Leistung des Bäckers durch die Kunden
Ideen zum Weiterdenken: Fast Food als Ausdruck unserer hektischen Zeit? Angst vor dem Zur-Besinnung-Kommen beim langsamen Essen? To-go-Esskultur als Indiz für den Verlust von sozialen Kontakten? Als Zeichen der bewussten Abkapselung, der wachsenden Anonymität in unserer Gesellschaft?
Zitate/anschauliche Formulierungen: „Backstub-Augenwonnen" (V. 16), „Uraroma" (V. 30), „Duftgeschmack" (V. 31), „Krustenklang" (V. 31)

2 Das lyrische Ich in Timo Brunkes Gedicht „Bäck am Eck" beschreibt in den ersten beiden Strophen eine Stuttgarter Bäckerei, die staubig und nicht besonders „bunt" (V. 9) ausgestattet ist. Die Backwaren, die man in dieser Bäckerei kaufen kann, machen dick (vgl. V. 24), die Salamibrötchen (vgl. V. 25 f.) sind ungesund, weil sie keine Salatblätter enthalten, ja man kann sogar nach dem Konsum dieser Backwaren ins „Koma" (V. 32) fallen, und die süßen Stückchen misslingen dem Bäcker hin und wieder (vgl. V. 29). In der 5. Strophe schildert das lyrische Ich dann, wie es durch den „Genuss" dieser Backwaren an seine Kindheit und an den unfreundlichen Bäcker erinnert wird, der seine Kunden damals nicht einmal grüßen wollte (vgl. V. 45 f.). Er musste später, vermutlich aus den oben genannten Gründen, seinen Beruf aufgeben.

Abstracts zur Grafik
„Aus der Truhe auf den Tisch", Seite 23

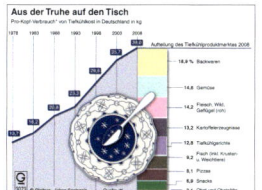

[1] In der vorliegenden Globus-Grafik „Aus der Truhe auf den Tisch" aus dem Jahr 2009 wird dargestellt, wie sich der Pro-Kopf-Verbrauch von Tiefkühlkost in Deutschland innerhalb des Zeitraums von 1978 bis 2008 entwickelt hat.
Die Grafik ist in zwei Diagramme aufgeteilt: in ein Zeitverlaufsdiagramm auf der linken und ein Säulendiagramm auf der rechten Seite. Das Zeitverlaufsdiagramm bildet den Pro-Kopf-Verbrauch von Tiefkühlkost ab (ohne Speiseeiskonsum). Der Tiefkühlkost-Verbrauch hat sich innerhalb von drei Jahrzehnten nahezu verdreifacht, und zwar von 13,7 kg pro Kopf und Jahr im Jahr 1978 auf 39,0 kg pro Kopf und Jahr im Jahr 2008. Auffällig ist vor allem der steile Anstieg ab 1993. Im mehrfarbigen Säulendiagramm rechts wird die Aufteilung des Tiefkühlproduktmarktes im Jahr 2008 dargestellt. Den größten Marktanteil haben die Backwaren mit 18,9 %. Auf den folgenden vier Plätzen rangieren mit jeweils ca. 13–14 % die Produzenten von TK-Gemüse, TK-Fleisch, TK-Kartoffelerzeugnissen und TK-Fertiggerichten; die restlichen 24 % teilen sich in absteigender Reihenfolge auf Fisch-, Pizza- und Snackprodukte auf. Den geringsten Marktanteil mit nur 2,1 % halten die Hersteller von TK-Obst und -Obstsäften.

Bezug zum Thema: TK-Fertiggerichte, TK-Backwaren (Querverbindung zum Gedicht „Bäck am Eck" von Timo Brunke)
Ideen zum Weiterdenken: Riesiger Energieverbrauch für Tiefkühltruhen? Tiefkühltruhen, TK-Gerichte und Mikrowelle als Zeichen eines veränderten Familienlebens? Berufstätige Eltern? Schlüsselkinder?
Anschauliche Zahlen: 13,7 kg pro Kopf und Jahr im Jahr 1978; 39,0 kg pro Kopf und Jahr im Jahr 2008, eventuell Zahlen für Kartoffelerzeugnisse (weil damit Pommes frites gemeint sind, also typisches Fast Food), aber auch für Pizza

[2] In der Grafik sieht man, wie der Konsum von Tiefkühlprodukten zugenommen hat: 1978 waren es noch 13,7 kg pro Kopf und Jahr, aber fünf Jahre später schon 16,2 kg. Dann steigt die Kurve noch steiler an, nämlich auf 20,8 kg im Jahr 1988. Aber nun wird sie flacher, denn 1993 sind es „nur" 23,3 kg, also eine Zunahme von nur 2,5 kg, während es zwischen 1983 und 1988 4,6 kg waren, aber zwischen 1978 und 1983 auch nur 2,5 kg (also genauso viel wie zwischen 1988 und 1993). Aber zurück zum Zeitraum zwischen 1993 und 1998! Hier wird die Kurve nämlich ganz steil, denn sie nimmt um sage und schreibe 6,3 kg zu. Und fast genauso steil ist sie zwischen 1998 und 2003, nämlich 6,1 kg. Danach wird sie Gott sei Dank wieder flacher, nämlich von 35,7 kg auf 39,0 kg. Das sind „nur" 3,3 kg. Im Jahr 2008 sind wir jetzt also bei 39,0 kg.
Schuld an der steigenden Kurve sind vor allem die Backwaren, nämlich zu 18,9 %. Etwas weniger schuld sind Gemüse (14,6 %), Fleisch, Wild, Geflügel – aber nur das rohe – (14,2 %), Kartoffelerzeugnisse (13,2 %), Tiefkühlgerichte (12,8 %), Fisch samt Krusten- und Weichtieren (9,2 %), Pizzas (8,1 %) und Snacks (6,9 %). Am wenigsten schuld sind Obst und Obstsäfte (2,1 %), aber die sind ja auch gesund.
Ich vergaß zu erwähnen, dass der Speiseeiskonsum nicht mitgerechnet wurde. Sonst wäre es natürlich noch viel mehr!

B Der Essay als Aufsatzform im Unterricht

Abstracts zur Karikatur, Seite 23

> 1 Die am 21. September 2002 in den „Freiburger Nachrichten" erschienene Karikatur setzt sich kritisch mit der Esskultur vieler Zeitgenossen auseinander.
> In der Karikatur sind Menschen zu sehen, die in einem öffentlichen, unpersönlich wirkenden Gebäude – vielleicht einer Unterführung oder U-Bahn-Station – auf dem Boden kauern und Fast Food essen. Einer von ihnen hält eine Gabel in der Hand und erkundigt sich bei den anderen nach dem Gebrauch dieses „Tools", wie er die Gabel nennt, doch niemand kann seine Frage beantworten.
> Der Karikaturist kritisiert die Verrohung der Esssitten, die sich darin zeigt, dass die Menschen ihre Mahlzeiten nicht mehr am Tisch einnehmen und zum Essen die Finger benutzen.
>
> *Bezug zum Thema:* Verrohung der Esssitten, Essen in der Öffentlichkeit, Essen ohne Besteck
> *Ideen zum Weiterdenken:* Verbindung Fast Food – Arbeit am Computer wegen der Verwendung des PC-Fachbegriffs „Tool"? Pizzaessen am PC? Keine Finger frei, weil man die Tastatur bedient?
> *Zitat:* „Tool" an Stelle von Gabel oder Besteck

> 2 In der Karikatur aus den „Freiburger Nachrichten" vom 21. September 2002 sieht man links oben zwei Rolltreppen und daneben eine gefliese Wand. Den gesamten Vorder- und Mittelgrund nehmen Menschen mit großen Nasen ein, die auf dem Boden sitzen und, sofern sie sich im Vordergrund aufhalten, zudem ein Fragezeichen über dem Kopf haben. Vorne links hockt eine Frau im Schneidersitz und hält eine Tüte Pommes frites in der Hand. Rechts lagern vier Personen um eine Art niedrigen Tisch, auf dem ein Becher steht. Die Person, die am rechten unteren Bildrand zu sehen ist, hält eine Gabel in der linken Hand und sagt: „Ey, hat jemand von euch 'nen Schimmer wozu das Tool hier ist?"

Arbeitsanregungen
1. Vergleichen Sie jeweils die beiden Abstracts zum Lexikonartikel, zum Gedicht, zur Grafik und zur Karikatur.
2. Listen Sie die Fehler auf, die jeweils im zweiten Abstract gemacht werden.
3. Erläutern Sie, warum es vorteilhaft ist, den Bezug zum Thema, Ideen zum Weiterdenken, aber auch Zitate und anschauliche Formulierungen festzuhalten.
4. Überprüfen Sie anhand der Fehlerliste aus Aufgabe 2 Ihr Abstract zum Auszug aus der Novelle „Die Entdeckung der Currywurst" (Seite 27, Aufgabe 1).

1.3 Zwei Essays als Analyse- und Schreibimpulse

Nomaden auf Nahrungssuche. Anmerkungen zu Geschmack und Gesellschaft, Genuss und Glück.

von Martin Hohnecker

Unser Mann hockt in der Frühlingssonne und versucht, sich ein Stück Backwerk einzuverleiben, aus dem Feuchtes sickert. Er muss den Mund aufreißen bis zur Maulsperre, er muss mit den Händen stopfen, er muss zubeißen wie ein Tier, er muss würgen bis zum Brechreiz. Der Saft trieft über sein Kinn, Brösel fallen zu Boden. Noch ein Bäuerchen, dann wirft der Mann die Reste weg, zur Freude von Spatzen und Ratten.

Ein Mensch speist. Nein, er isst. Oder vielmehr: Er stillt ein elementares, ein alimentäres[1] Bedürfnis, seinen Hunger. Der Bauch hat kommandiert: „Füll mich, egal, womit!", und der Mensch gehorcht. Ohne sich an einen Tisch zu setzen, ohne Messer und Gabel zu benutzen, mit bloßen, ungewaschenen Fingern im Freien. Hemmungslos, schamlos, archaisch[2]. [...]

Ein uriges Bild aus der Steinzeit, als Rulaman[3] auf der Alb mit seinen Jagdgenossen die Auerkälber vom Holzfeuer weg zerriss und „nichts als Knochen und Häute" übrig ließ? Eine Szene aus dem Leben der Germanen, die laut Tacitus[4] „ohne viel Umstände" kochten und im Freien aßen, „nur um ihren Hunger zu stillen"? Nein. Unseren Esser kann man jeden Tag, jederzeit bewundern: in Fußgängerzonen, auf Straßen, Plätzen, in Anlagen; im Sitzen, Stehen und Gehen. Ein Berber? Nein, meist ein normaler Zeitgenosse, Schüler, Student, Verkäufer, Beamter, der dem Fast-Food-Motto folgt: „Schnell. Lecker. Satt."

Das sei schon immer so gewesen? I wo, Essen war einmal mit Tabus behaftet. Das Benützen der menschlichen Körperöffnungen hatte und hat etwas Intimes. Der weibliche Mund galt lange Zeit als Gegenstück zum Geschlechtsorgan, deshalb pflegten Frauen bis vor wenigen Jahrhunderten oft getrennt von den Männern zu löffeln, wenn möglich in geschlossenen Räumen, nicht nur im Orient. Draußen drohten Dämonen als Mitesser, und Eva wollte sich beim Hirsebrei nicht von Adam in den Rachen blicken lassen.

Außerdem wussten gerade die Frauen, dass das Futtern im Freien Nachteile hat: Die Gerichte kühlen schnell aus, sie schmecken weniger vollmundig. Sensible Weinliebhaber registrieren, dass ihr Bordeaux an der frischen Luft einen schalen, metallischen Ton annimmt. Ja, mit dem Schmecken ist es wie mit dem Schreiben, das laut Thomas Mann eines Zimmerplafonds[5] bedarf, mindestens aber der „Decke einer Veranda, eines Gartenhauses über dem Kopf". Nur so ist die Aura der Gedanken wie die der Aromen geschützt. Essen im Gehäuse ist schicklich.

Natürlich gab und gibt es Ausnahmen von solchen Regeln, vor allem in der Männerwelt: bei der Jagd, horrido![6]; bei den Bauern auf dem und bei den Kriegern im Felde, wo alle Hemmungen fallen; im Stadion, wo die heiße Rote zur Halbzeit gehört, ob versenft oder verbrannt. Natürlich auch beim Grillen, das an das Lagerfeuer erinnert. Und in bayerischen Biergärten, wo die Maß und der Mensch vom Laub alter Kastanienbäume beschirmt werden. Tagsüber kühlt das grüne Dach, abends speichert es die Wärme und hält Leib, Seele und Geschmack zusammen.

Leib und Seele? Eine Bank mitten in der Stadt. Eine junge Dame, blond, schick, hat eine Pizzaschnitte gekauft. Eher eine Pizzatorte, die, Kunstschinken und Kunstkäse inklusive, über den Pappteller hinauslappt. Erst beißt die Dame die überhängenden

---

1 **alimentär:** auf Lebensmittel bezogen
2 **archaisch:** hier: urwüchsig, dem Menschen seit Urzeiten innewohnend
3 **Rulaman:** Held eines Romans über die Steinzeit
4 **Tacitus:** römischer Schriftsteller, verfasste ein Buch über Germanien
5 **Zimmerplafond:** Zimmerdecke
6 **horrido!:** ein Jagdruf

Ränder ab, dann fasst sie mit einer Hand in die Tomatenpampe. Aber nicht lange, denn sie braucht ihre Rechte, um das Handy zu bedienen. Fortan knabbert sie plappernd an dem Kuchen herum. Alle Passanten können zugucken, aber keiner schaut hin. Denn wer genau hinsähe, müsste die Sittenpolizei alarmieren.

Womit wir bei der Tischkultur wären, die – wie jede Form von Kultur – Triebverzicht voraussetzt und Affektkontrolle fordert, wie der Soziologe Norbert Elias konstatiert hat. Beide Disziplinen hatten einen weiten Weg von Byzanz über Venedig bis nach Paris. Erst in Zeiten der Renaissance begannen die Menschen, sich beim Mahle zu beobachten, es peinlich zu finden, wenn ein Höfling im fürstlichen Speisesaal bäurisch rülpste. Hatte man sich bisher „von Hand" ernährt, forderte die Tischzucht jetzt: „Schiebe nicht dein Essen mit den Fingern auf deinen Löffel." Erasmus von Rotterdam ergänzte um 1530, es sei nicht höflich, die fettigen Pfoten „abzulecken oder sie am Rock abzustreifen".

Klar, damals hatte jeder wehrhafte Tischgenosse sein eigenes Messer am Gürtel hängen, aber bald galt es als ordinär, sich damit öffentlich in den Zähnen zu bohren und die Nase in ein eventuell vorhandenes Tischtuch zu schnäuzen. Feine Leute hielten sich an die neuen Regeln, und neben dem altvertrauten Löffel setzte sich die Gabel im 17. und 18. Jahrhundert durch. Allerdings erst, nachdem die allein seligmachende Kirche darauf verzichtet hatte, sie wegen ihrer Zinken als „Instrument des Teufels" zu diffamieren. Fünf Jahrhunderte brauchte der Adel, bis Courtoisie[7] herrschte am Tisch. Das aufkommende Bürgertum war rasch dabei, die neuen zivilisatorischen Errungenschaften zu übernehmen. Ob bei Gänseleberfan Goethe in Weimar oder beim gastfreundlichen Justinus Kerner[8] in Weinsberg: Man wusch sich die Hände vor der Mahlzeit, stattete den Tisch mit feinem Porzellan aus, mit Leuchtern und geschliffenen Gläsern, mit goldenen oder silbernen Bestecken, mit Tischtüchern und Servietten. Wer auf sich hielt, konnte seine Gäste nicht mehr dazu animieren, die Suppe mit Brotstücken aus einer gemeinsamen Schüssel zu tupfen. Das verstieß gegen das Prestige und das wachsende Bewusstsein für Hygiene.

Vorbild am Tisch waren die Alten, wie Thomas Mann im „Zauberberg" am Beispiel des jungen Hans Castorp darstellte. Der betrachtete still „die knappen, gepflegten Bewegungen, mit denen die schönen, weißen, mageren Hände des Großvaters einen Bissen aus Fleisch, Gemüse und Kartoffeln auf der Gabelspitze anordneten und unter einem leichten Entgegenneigen des Kopfes zum Munde führten". Natürlich im Speisezimmer, und der kleine Hans nahm sich vor, wie Großvater „Messer und Gabel zu halten und zu bewegen". […]

Nicht alle hatten an dieser neuen Ästhetik – oder sagen wir Ess-thetik – Anteil, besonders nicht die Bauern, die im 19. Jahrhundert zur Reservearmee der aufblühenden Industrie wurden. Leuchter? Porzellan? Die Tagelöhner nahmen den Napf von zu Hause mit und leerten ihn, bestenfalls mit einem Blechlöffel, in der Vesperpause; am liebsten im Freien, wo die Luft gut war und der Chef fern. Fix musste es gehen, bezahlbar sollte die Nahrung sein. Die gerade erfundene Erbswurst galt als Proletarierdelikatesse. Daheim in den Katen[9] ging es oft noch zu wie bei Simplizius Simplizissimus[10]: „Unser Hafen war zugleich unsere

7 **Courtoisie:** höfliches Betragen
8 **Justinus Kerner:** ein Dichter, Zeitgenosse Goethes
9 **Kate:** Hütte
10 **Simplizius Simplizissimus:** die Hauptfigur eines Romans (von Grimmelshausen) über den Dreißigjährigen Krieg

Schüssel, unsere Hände waren auch unsere Gabeln und Löffel!"
Spätestens im 20. Jahrhundert legten auch die einfachen Leute Wert auf Manieren. Selbst Bert Brechts Mackie Messer[11] nannte einen Kumpan, der den Fisch mit dem Messer schnitt, „eine Sau, der so was macht". Doch dann überredete der amerikanische Präsident Franklin D. Roosevelt den Britenkönig Georg VI. in den Dreißigerjahren zu einem Hotdog aus der Hand. Das war ein Skandal – und eine tolle Werbung. Nach dem II. Weltkrieg und dem Wirtschaftswunder gerieten die Tischsitten vollends ins Rutschen – dank des Kühlschranks, dem man rasch und händisch einen Happen entnehmen konnte. Dank der Currywurst, deren Erfindung Uwe Timm[12] so hübsch beschrieben hat: Da offeriert Frau Brücker an ihrer Imbissbude hungrigen Huren statt Bockwurst „verschrumpelte Bratwürste", klein geschnitten, „überschmiert mit so 'ner grässlichen roten Soße". „Scheußlich", sagt die Nutte Moni, doch nach dem ersten Bissen ändert sie ihre Meinung: „Mann inner Tonne". Und Kollegin Lisa stimmt zu: „eenfach schaaf". Das fand später sogar ein deutscher Bundeskanzler. Vom globalen Hamburgerwahn reden wir hier erst gar nicht.
Aber es muss kein Big Mac sein. Zwei Menschen stehen am Hindenburgbau in Stuttgart im kalten Wind: eine jüngere Dame, Marke Miss Saigon XL, mit Taschen behängt, dazu ein älterer, beleibter Germane in Jeans und Parka. Die Dame serviert aus einer Papier-Nudelbox Teigwaren, Hühnerbröckchen und Sojabohnen: ein Plastikgäbelchen für sie, ein Gäbelchen für ihn. „Gnuuaag!", hustet er und trinkt aus der Limoflasche. [...]
Herrje, das also ist aus dem Essen geworden, dem einst göttlichen Ritual – wir sagen nur Abendmahl!, Tischgebet! –, das die Familien an der Tafel zusammenführte und zum Gespräch animierte. Heute, in Zeiten von Singles, Patchwork-Partnerschaften und Hartz IV, ist die Mahlzeit trotz aller TV-Kochshows oft zur Randerscheinung verkommen: hopphopp, nebenbei, billig („Ich bin doch nicht blöd"). Außerdem müssen Snacks und Döner einhändig zu verspeisen sein, um beim Simsen und Twittern nicht zu stören. Und die Sattmacher sollten straßengeeignet sein, für den viel gerühmten Outdoorbereich. Schließlich sind die Stehtischchen für die aus dem Gastroparadies vertriebenen Raucher selbst im Schneesturm oft die letzte Kalorienstation vor dem Hungertod.
Coffee to go? Nein: Essen on the road, die Wasserflasche oder den Kaffeebecher beim Bummeln im Anschlag, als drohe akutes Verdursten. Da wirken Anweisungen aus alten Benimmbüchern für junge Leute rührend: „Leere den Löffel ohne Schlürfen." Und: „Halte das Glas am Stiel." Welches Glas, bitte? Gastronomen, die mit Schülern Essverhalten üben, schütteln den Kopf, genauso Personalchefs, die gehobene Bewerber zum Testmenü einladen: „Anstandsregeln? Welches Elternhaus vermittelt die noch?" [...]
Tausend Jahre europäischer Zivilisation für die Katz? Fachleute konstatieren jedenfalls

Rumer Willis und ihr Freund unterwegs in Hollywood

11 **Mackie Messer:** Hauptfigur der „Dreigroschenoper" von Bertolt Brecht, ein Gangster
12 **Uwe Timm:** Autor der Novelle „Die Entdeckung der Currywurst", hier Seite 26 f.

eine Vergröberung der Sitten, eine Zunahme der Essnomaden. Die Schamschwelle sinkt, die Fähigkeit schrumpft, in einer guten Mahlzeit mehr als einen Magenfüller zu sehen – nämlich auch ein Symbol der Gemeinsamkeit, des Genusses, des Glücks. Aber keine Sorge. Erstens essen zwei Drittel der Weltbevölkerung sowieso mit Stäbchen oder mit den Fingern. Und zweitens sind wir hierzulande nicht in der kulinarischen Steinzeit angekommen. Noch nicht. Denn zum Glück müssen wir kein Mammutblut trinken und keine Hyänenknochen abnagen. Außerdem lauern auf der Königsstraße in Stuttgart keine hungrigen Wölfe; und dank der Klimaerwärmung kann man – ob allein oder in Massen wie bei den allfälligen Sommerfesten – von März bis November mediterran lässig im Freien schnabulieren. Da in den coolen Zeiten grassierender Finger- und Junkfoods alles erlaubt ist, werden Regelverstöße weder registriert noch geahndet. Höchstens bei Familienfesten oder im Restaurant schauen ein paar Leute pikiert drein, wenn jemand drinnen die Suppe so laut schlabbert, wie er es draußen von seinem Kaffeebecher her gewohnt ist. Aber welcher Mobilmampfer geht noch in Restaurants, wenn die Fressmeile supertoll ist? Mahlzeit!

Stuttgarter Zeitung, 10. 4. 2010

Arbeitsanregung

1. Welche Aspekte aus den Dossiermaterialien (Seite 21–23) hat Martin Hohnecker in seinem Essay „Nomaden auf Nahrungssuche" herausgegriffen? Welche hat er weggelassen? Auf welche zusätzlichen Materialien, die Sie nicht im Dossier finden, könnte er sich gestützt haben?

Georg Forster
Über Leckereien (1789)

In seinem Essay „Über Leckereien" beschreibt Georg Forster, der als Reiseschriftsteller an James Cooks Weltumsegelung teilgenommen hat, wie es in den verschiedenen Teilen der Welt zu einer unterschiedlichen Entwicklung von Geschmacksvorlieben kommen konnte.

[…] Nachahmung, Zwang und Gewöhnung, oder was man insgemein Erziehung nennt, können ferner, so wie Mode, Eitelkeit und Besorgnis vor Krankheiten, den Genuss gewisser Nahrungsmittel in allgemeine Aufnahme bringen, ohne für ihre Leckerheit das Mindeste zu beweisen. So gewöhnen sich von Jugend auf die südlichen europäischen Nationen an den Genuss des scharfen Knoblauchs und des wie Feuer brennenden spanischen Pfeffers, deren der blondere Menschenstamm entübrigt[1] sein kann; und der allgemeine Gebrauch des widerlichen und giftigen Tabaks, den wir wegen seiner vermeinten Heil- und

Verwahrungskräfte zuerst von den amerikanischen Wilden entlehnten, beruht zum Teil auch auf der Eitelkeit unserer Knaben, die gern für Männer gelten möchten. Ein ähnliches Vorurteil hat die allgemeine Einführung des Branntweins begünstigt, der anfänglich gegen die Pest und manche andere Krankheiten als ein sicheres Mittel empfohlen ward,

1 **entübrigt sein:** nicht bedürfen

worauf der alte Name Aquavit[2] eine bedeutende Anspielung enthält. Von diesen einzelnen Ausnahmen hinweggesehen, dürften die kultivierten Völker Europens hauptsächlich darin übereinstimmen, sowohl was die Zunge gar zu heftig reizt als das ganz Fade und Geschmacklose vom Begriff des Lecker(e)n auszuschließen; hingegen dasjenige vorzüglich wohlschmeckend zu finden, was auf ihre Nervenwärzchen einen sanfteren Eindruck macht, weil in seiner Zusammensetzung streitende Elemente miteinander gebunden und gesättigt sind. Alles ganz Bittere ohne anderweitige Beimischung, so wie das Faulichte, dessen Grundstoffe, durch die Auflösung entwickelt[3], um so viel heftiger neue Verbindungen suchen, ist ekelhaft und unangenehm; alles Herbe, Zusammenziehende, Ätzende und Ranzige ist nicht nur widerlich, sondern verletzt auch die zarten Werkzeuge des Geschmacks. Süßigkeiten aber, milde Säuren, Mittelsalze, Fettigkeiten und die flüchtigen Öle des Gewürzes sind entweder an sich wohlschmeckend oder machen doch in Verbindung miteinander den unbeschreiblich lieblichen Eindruck, den wir lecker nennen müssen. Durch die Beimischung des Süßen, Sauren oder Würzhaften erhält sogar in manchen Fällen das Widerliche einen ganz erträglichen, oft pikanten und von lecker(e)n[4] Zungen sehr gesuchten Reiz, für welchen die Kunstsprache unserer Sardanapale[5] die erborgten Namen *fumet*[6] und *haut-gout*[7] geheiligt hat. Unter allen möglichen Verbindungen der Elemente behauptet indessen die Süßigkeit, diese mit Brennstoff gesättigte Pflanzensäure, als die allgemein gefälligste, ohne allen Zweifel den Vorzug; und selbst die Lispeltöne (ηδυς, dulcis, dolce, süß, sweet, slodkie), welche diese Mischung bezeichnen, tragen in Klang und bildlicher Anwendung die untrüglichsten Spuren des hohen Wohlgefallens der europäischen Völker an ihrem Geschmack. […]

2 **Aquavit:** Lebenswasser
3 **durch die Auflösung entwickelt:** infolge von Zersetzung entstanden
4 **lecker(e)n:** hier: wählerisch
5 **Sardanapale:** ein assyrischer König, steht hier für Genussmensch
6 **fumet:** frz. Aroma, Geruch
7 **haut-gout:** Wohlgeschmack

Arbeitsanregungen

1. Auf welchen wesentlichen Aspekt, der in den Dossiermaterialien fehlt, hat sich Georg Forster in diesem Auszug aus seinem Essay „Über Leckereien" gestützt?
2. Wie bewerten Sie die Reduktion der Aspekte in den Essays von Martin Hohnecker und Georg Forster?
3. Zeigen Sie auf, in welche Richtung Martin Hohnecker und Georg Forster das Thema inhaltlich weiterentwickelt haben.
4. Analysieren Sie den sprachlichen Stil der beiden Essays. Stellen Sie Ihre Beobachtungen stichwortartig in einer Tabelle gegenüber.

Martin Hohnecker	Georg Forster
viele rhetorische Fragen (Z. 20–27, 35, 76, 223)	lange, verschachtelte Sätze (Z. 7–18, 24–35)
Ellipsen (Z. 15 ff., 31 ff., 76 f.)	viele Substantivierungen (Z. 28 f., 35 f., 40 f., 49 ff.)
…	…

5. Verfassen Sie einen Leserbrief, in dem Sie auf das Thema „Fast Food/Essen" eingehen. Greifen Sie darin Aspekte aus einem oder beiden Essays auf.
Zusatz: Entscheiden Sie sich für einen der beiden sprachlichen Stile und arbeiten Sie Ihren Leserbrief in diesem aus.

2 Thematische Entfaltung – Textfunktion und Schreibhaltung

In Ihrem Essay stellen Sie in der Regel Denkansätze, Standpunkte und Überlegungen zu einem Thema vor und vermitteln Veränderungen Ihres Denkprozesses. Im Unterschied zur Erörterung eines Themas sind Sie an **keinen strengen Gesamtaufbau** im Pro-und-Kontra-Schema gebunden. In ▶ Kapitel B 1 (Seite 13) haben Sie gelernt, wie Sie zu einem Thema finden, dieses Thema eingrenzen und strukturieren sowie mit den Materialien des Dossiers umgehen. In ▶ Kapitel B 3 (Seite 49) werden Sie lernen, wie Sie Ihren Text nach allgemeineren Grundprinzipien aufbauen. In ▶ Kapitel B 2 (Seite 36) finden Sie Übungen, die es Ihnen ermöglichen, Gedanken und Standpunkte auf der **Ebene eines Abschnitts** oder kleinen Teils eines Essays zu formulieren. Vor allem in dieser Größenordnung müssen Ihre Gedankenführung und die Art, wie Sie formulieren, stimmig sein. Der Gesamttext kann flexibel aus diesen Bausteinen entwickelt werden.

Das ▶ Kapitel B 4 (Seite 59) gibt Ihnen Hilfestellung dazu, wie Sie durch Ihre Wortwahl und verschiedene stilistische Möglichkeiten Ihre Texte gestalten können. Alle Übungen können einerseits Teil der Planung eines Textes, andererseits Teil des Schreibens selbst sein oder als Vorübungen vor dem Schreiben eines Essays genutzt werden. Die Hinweise aus Kapitel B 4 können Ihnen auch bei der Überarbeitung Ihres Textes helfen.

Grundlage für die Texte und Übungen sind im Wesentlichen die Themen „Lüge", „Werte" und „Angst". Zu den Themen „Lüge" und „Angst" finden Sie in ▶ Teil C (Seite 72) weitere Dossiermaterialien.

In diesem Kapitel erwerben Sie folgende Kenntnisse und Kompetenzen:
- Gedanken zu einem Thema mit Hilfe von verschiedenen Schreibanregungen entwickeln,
- einen Standpunkt zu einem Thema finden,
- Perspektivenwechsel, Haltungen, Rollen und Positionen zu einem Thema erproben,
- unterschiedliche Strategien der thematischen Entfaltung nutzen.

2.1 Einen Gedanken entwickeln – Schreibanregungen

Sprichwörter, Wendungen und Aphorismen nutzen

Häufig greifen Autorinnen und Autoren von Essays auf bekannte Redewendungen zurück und nutzen diese geschickt, um neue Gedanken zu entwickeln.

Die Lügen-Kartei

von Peter Panter (= Kurt Tucholsky)

Lügen haben kurze Beine, viele Frauen aber auch, das beweist also nichts. Wie kommt es nur, daß viele Lügen überhaupt ans Tageslicht gelangen –?
5 Das kommt daher, daß die meisten Lügner kein gutes Gedächtnis haben. Wer lügt, muß aber ein sehr gutes Gedächtnis haben. „Du hast doch aber neulich gesagt ...", so fängt es an, und dann setzt der arme geängstigte Mann, denn Frauen sagen stets die Wahrheit, setzt der Mann auf die alte Lüge eine neue. Das bekommt ihm meist nicht gut. Als alter, erfahrener Lügner kann ich nur sagen: meine Schwindeleien sind alle herausgekommen, weil ich nicht ordentlich aufgepaßt habe. Frauen passen schrecklich auf ...
R *Vossische Zeitung, Nr. 398, 25.8.1931*

Arbeitsanregungen

1. Erläutern Sie das Sprichwort, mit dem Tucholskys Text beginnt.
2. Welchen Gedankengang entwickelt Tucholsky aus dem Sprichwort?

Du sollst nicht lügen

von Ulla Lessmann

[...] Ich behaupte, menschliche Kommunikation ist überhaupt nur möglich, weil wir alle irgendwann kapieren: Der Grundsatz „Ehrlich währt am längsten" ist eine fromme Lüge. Der Kommunikationswissenschaftler Klaus Merten hält die Lüge gar für „einen der wirksamsten Mechanismen der Systemerhaltung". Und ich bin ganz einig mit Martin Luther, der die Notlüge als „Tugend" bezeichnete, „zu dem Zwecke angewendet, dass des Teufels Grimm verhindert und der Ehre, dem Leben und Nutzen des Nächsten gedient werde". Lügen aus Freundlichkeit, Höflichkeit, Rücksicht auf die Gefühle anderer, aus Taktgefühl, Mitleid und Barmherzigkeit gereichen der Lügnerin und dem Lügner auf jeden Fall zur Ehre. [...]
Es wird von Wissenschaftlern und Schlagersternchen, Journalistinnen und Sportlern aus Ruhmsucht, Erfolgsgier oder Gewinnstreben gelogen wie gedruckt, auf dass sich die berühmten Balken biegen. So ist die Welt. Wir gewöhnlichen Menschen, die wir keine Entdeckungen fälschen, keine Liebesdramen erfinden und nicht dopen, lügen häufig aus sehr vernünftigen Gründen.

Chrismon 03/2007

Arbeitsanregungen

1. Welche bekannten Sprichwörter, Wendungen und Aphorismen verwendet Ulla Lessmann in diesem Textausschnitt? Listen Sie sie auf.
2. Zeigen Sie, welchen neuen Gedanken Ulla Lessmann daraus entwickelt.

A Die **Sterne** lügen nicht.

B Du sollst kein **falsches Zeugnis** reden wider deinen Nächsten.
(2. Mose 20, 16)

C Oft zeigt die Lüge deutlicher als die Wahrheit, was in einem Menschen **vorgeht**.
(Maxim Gorki, 1868–1936, russischer Schriftsteller)

D Lügen wie **gedruckt**
(dt. Redewendung)

E **Wahre** Lügen (Filmtitel, 2005)

F Unter den Teppich **kehren**
(dt. Redewendung)

G Lügen macht **erfinderisch**
(Filmtitel, 2009)

H Durch **falsche Zungen** sind mehr Menschen ums Leben gekommen als durch **scharfe Schwerter**. (Jesus Sirach 28, 18)

I Ans **Tageslicht** kommen
(dt. Redewendung)

Arbeitsanregungen

1. Notieren Sie alles, was Sie mit den fett gedruckten Begriffen verbinden (Konnotationen).
2. Erläutern Sie jede Wendung (Denotationen).
3. Wählen Sie eine Wendung aus. Verbinden Sie Ihre Konnotationen zu einem kurzen Text, der mit Ihrer Erläuterung (Denotation) als Schlussgedanke endet. Sie müssen dabei nicht alle Konnotationen verwenden.

Eine Werteskala erstellen

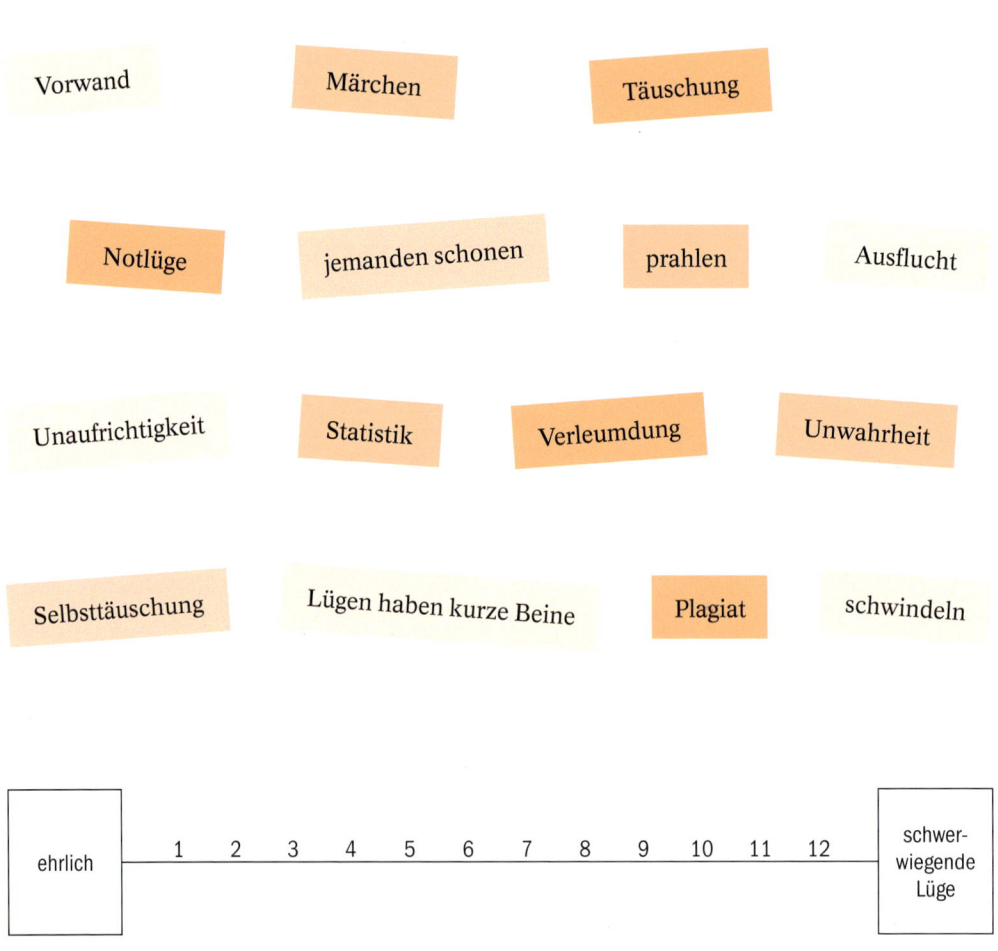

Arbeitsanregungen

1. a) Übertragen Sie die Skala in Ihren Kursordner. Erstellen Sie aus den Begriffen und Wendungen des Sachfelds „Lügen" eine Werteskala, indem Sie sie von links nach rechts auf der Achse anordnen.
   b) Begründen Sie Ihre Anordnung. Gehen Sie dabei auf Begriffe wie *Absicht, Situation, Beweggründe, Ziele* ein.

Wortfelder nutzen

Synonyme für das Nomen „Lüge"		Synonyme für das Adjektiv „wahr"
Ammenmärchen	Märchen	der Wahrheit entsprechend
Ausflucht	Meineid	ehrlich
Ausrede	Räubergeschichte	nicht zu bezweifeln
Beschönigung	Räuberpistole	richtig
blauer Dunst	Roman	stimmig
Bluff	Schauergeschichte	unanzweifelbar
Eidbruch	Scheingrund	ungelogen
Ente	Schönfärbung	verlässlich
Entstellung	Schwindel	wahrheitsgetreu
Erdichtung	Schwindelei	wahrheitsliebend
Erfindung	Seemannsgarn	zutreffend
Fabelei	Täuschung	zuverlässig
falsche Aussage	Trug	
falsche Behauptung	Unrichtigkeit	
Fiktion	Unwahrheit	
Finte, Flausen	Unwahrscheinlichkeit	
Geflunker	Verbiegung	
Hochstapelei	Verdrehung	
Irreführung	Verfälschung	
Jägerlatein	Verklärung	
Klitterung	Verzerrung	
Legende	Vorwand	
Lügengewebe	Wortbruch	

Arbeitsanregungen

1. a) Ordnen Sie die Synonyme für „Lüge" in vier Gruppen. Legen Sie dafür vier Oberbegriffe fest.
   b) Ordnen Sie die Synonyme für „wahr" in zwei Gruppen. Legen Sie dafür zwei Oberbegriffe fest.

Ein bekanntes Erzählmuster nutzen – Die Fabel vom Löwen und vom Fuchs

Aesop
Großen Herren die Wahrheit sagen ist nicht jedermanns Sach(e)
(Originaltext, um 600 v. Chr.)

Ein Löwe hatte einstmals etliche Gäste zu sich in seine Höhle geladen, darin es gar übel stank, und sprach zu dem Wolf: Wolf, wie gefällt es dir in meinem königlichen Hause?
5 Antwortet der Wolf: O Herr, es stinkt übel herinnen. Da fiel der Löwe über den Wolf her und zerriss ihn. Als er danach den Esel fragte, wie es ihm gefiele, da überkam den armen Esel große Furcht über des Wolfen Tod und er heu-
10 chelte und sprach: O mein Herr König, es riechet wohl allhier. Aber der Löw(e) ward zornig und tötete den Esel auch. Als er endlich den Fuchs fragte, wie es röche in seiner Höhle, da sprach der Fuchs: Ich habe den Schnupfen, o Herr, ich kann nichts riechen. 15

Großen Herren die Wahrheit sagen ist nicht jedermanns Sach(e)
(Rahmenhandlung für Erzähler)

Ein Löwe hatte einstmals etliche Gäste zu sich in seine Höhle geladen, darin es gar übel stank, und *dachte* sich: _____
Danach sprach er zu dem Wolf: Wolf, wie gefällt es dir in meinem königlichen Hause? Der
5 Wolf *dachte* sich: _____ Dann antwortete der Wolf: O Herr, es stinkt übel herinnen. Da fiel der Löwe über den Wolf her und zerriss ihn. Als er danach den Esel fragte, wie es ihm gefiele, da überkam den armen Esel 10 große Furcht über des Wolfen Tod, er *dachte* sich _____ und heuchelte und sprach: O mein Herr König, es riechet wohl allhier. Aber der Löw(e) *dachte* _____, ward zornig und tötete den Esel auch. Als er 15 endlich den Fuchs fragte, wie es röche in seiner Höhle, da *dachte* der Fuchs _____ Also sprach der Fuchs: Ich habe den Schnupfen, o Herr, ich kann nichts riechen. Der Löwe *dachte* _____ 20

Arbeitsanregungen

1. a) Bilden Sie Vierergruppen. Lesen Sie die Fabel und erarbeiten Sie die Gedanken, die dem Löwen, dem Wolf, dem Esel, dem Fuchs während des Gesprächs durch den Kopf gehen.
   b) Welches der Synonyme aus der Liste beschreibt Ihrer Meinung nach die Aussage des Fuchses am treffendsten?
2. Platzieren Sie vier Stühle. Auf den Stühlen nehmen Löwe, Wolf, Esel und Fuchs einer anderen Vierergruppe Platz. Hinter den vier Stühlen stehen „die Gedanken" des Löwen, des Wolfs, des Esels und des Fuchses. Benennen Sie einen Erzähler, der für alle Gruppen die Rahmenhandlung spricht. Zunächst ergreift der Erzähler das Wort. Dann spricht die Schülerin/der Schüler, die/der hinter dem Stuhl des „Löwen" steht, die Gedanken des Löwen aus, danach sagt derjenige, der als Löwe auf dem Stuhl sitzt: „Wolf, wie gefällt es dir in meinem königlichen Hause?" Im Anschluss spricht wieder der Erzähler, dann spricht die nächste Schülerin/der nächste Schüler die Gedanken des Wolfs usw. Nach der letzten Replik des Fuchses sprechen wieder die Gedanken des Löwen.
3. Diskutieren Sie in Ihrem Kurs über die Ergebnisse dieses Psychodramas.
4. Verfassen Sie einen kurzen Text zu einem aktuellen Problem, bei dem sich Menschen ähnlich verhalten.

2.2 Einen Standpunkt finden – Der fremde Blick

Arbeitsanregungen

1. Notieren Sie, was Ihnen beim Betrachten der Fotografie durch den Kopf geht.
2. Versetzen Sie sich in eine der abgebildeten Personen.
   a) Schreiben Sie Ihre Gedanken auf.
   b) Geben Sie Ihren Gedanken einen Titel.
3. Vergleichen Sie Ihre Ergebnisse mit der Bildunterschrift des Originals: „Nach 36 Jahren Ehe wandelt Walter Bacon sein Geschlecht um und nennt sich Meredith. Seine Frau bleibt bei ihm."

Arno Geiger
Die Bewohner von Château Talbot
(Auszug aus einem Essay über Fotografien, 2008)

Fotografien werden auf die Straße oder auf den Müll geworfen und verlieren dadurch ihren Kontext. Jemand Toter oder jemand noch Lebender hat keine bildlich dokumentierte Vergangenheit mehr, und einigen Fotografien fehlt fortan der eingeweihte Besitzer, der für sie spricht. Für die Fotografien ist dieser Verlust einschneidend, denn im Gegensatz zu einer Porzellanvase oder einem Teddybär sind Fotografien elementar durch das definiert, was der Besitzer über das Abgebildete weiß.

Reißt der ursprüngliche Informationstransfer zwischen Bild und Betrachter ab, verändert sich das Bild. Wird die Fotografie durch einen Überlieferungszufall aus dem Müll geborgen und so gegen den ihr bestimmten Untergang noch einmal verteidigt, geschieht dies um den Preis eines Weiterlebens im Exil – in einem neuen Zusammenhang. [...] Als nicht mehr Gewolltes bekommen Fotografien einen größeren Anteil am Flüchtigen, sie verlassen ihren Sinnzusammenhang und werden in einem neuen Sinnzusammenhang bewusster wahrgenommen, für einen Moment, um sich dann auch im neuen Kontext wieder zu etablieren.

Arbeitsanregungen

1. Was ist laut Arno Geiger kennzeichnend für Fotografien?
2. Vergleichen Sie Ihre Ergebnisse aus den Aufgaben 1. bis 3. auf Seite 41 mit den Aussagen Arno Geigers über Fotografien.
3. Inwiefern könnten Fotografien wie die von Geiger genannten eine Hilfe für das Schreiben eines Essays zu einem bestimmten Thema sein?

Perspektivenwechsel – Unterschiedliche Erfahrungen, Meinungen und Haltungen erproben

Häufig fällt es nicht leicht, einen eigenen **Standpunkt** zu einem Thema einzunehmen. Sie lernen hier, den eigenen Horizont zu erweitern, zu beobachten, zu formulieren, **Gegenpositionen** einzunehmen, **Aspekte** zu finden und auszuwählen.

Astrid Lindgren
Pippi Langstrumpf (1945)

„Lügen ist *sehr* hässlich", sagte Pippi noch trauriger. „Aber ich vergesse es hin und wieder, weißt du. Und wie kannst du überhaupt verlangen, dass ein kleines Kind, das eine Mama hat, die ein Engel ist, und einen Papa, der Negerkönig ist, und das sein ganzes Leben lang auf dem Meer gesegelt ist, immer die Wahrheit sagen soll? Und übrigens", fuhr sie fort, und sie strahlte über ihr ganzes sommersprossiges Gesicht, „will ich euch sagen, dass es in Nicaragua keinen einzigen Menschen gibt, der die Wahrheit sagt. Sie lügen den ganzen Tag. Sie fangen früh um sieben an und hören nicht eher auf, als bis die Sonne untergegangen ist. Wenn es also passieren sollte, dass ich mal lüge, so müsst ihr versuchen, mir zu verzeihen und daran zu denken, dass es nur daran liegt, dass ich zu lange in Nicaragua war. […]"

Arbeitsanregungen

1. a) Verfassen Sie nach dem Muster des Auszugs aus „Pippi Langstrumpf" einen kurzen „Aufsatz der Vorurteile" zum Thema „Angst".
   b) Wählen Sie dazu Thesen, Beispiele und Belege, die zwar nicht nachweisbar sind, aber von vielen Leserinnen und Lesern zunächst als glaubhaft akzeptiert werden könnten.
   c) Beginnen Sie mit folgendem Satz:

   > *Angst zu haben ist in unserer Gesellschaft absolut notwendig. In der Schule gibt es keinen einzigen Menschen, der keine Angst hat ...*

Tobias Beck et al.
Täuschen und Lügen
Macht Lügen Sinn? (Sendungsbeitrag aus „Quarks & Co", 2004)

Die Fragen hat sich sicher jeder schon einmal gestellt: Soll man nun ein bisschen schwindeln, um daraus einen Vorteil zu ziehen? Vielleicht würde es ja auch mehr bringen, jetzt ehrlich zu sein und erst bei der nächsten Entscheidung zu schummeln? Oder genau anders herum? Die Antwort auf diese Fragen hat vor über 20 Jahren die Mathematik gefunden. In einer Computersimulation ließen Wissenschaftler viele hundert Lügenstrategien gegeneinander antreten. Seither weiß man genau, wie geschicktes Lügen funktioniert. Der Tipp der Wissenschaft: Wer erfolgreich lügen will, muss nur eine Regel beherzigen: Tit for Tat – wie du mir, so ich dir.

Arbeitsanregungen

1. a) Verfassen Sie nach dem Muster des WDR-Beitrags zum Thema „Lügen" einen kurzen „Expertentext" zum Thema „Moral".
   b) Wählen Sie Fakten und Beispiele, die von vielen Leserinnen und Lesern als glaubhaft akzeptiert werden könnten. Kommen Sie nach dem Beispiel der Vorlage in Ihrem kurzen Text auch zu einem Urteil über den Sachverhalt „Lügen".
   c) Beginnen Sie mit folgendem Satz:

   > Die Fähigkeit, unmoralisch zu handeln, ist allen Spezies angeboren. Alle biologischen Arten, die sich entweder nur tugendhaft oder aber nur unsittlich verhalten, haben auf lange Sicht keine Chance. Sie sterben im Lauf der Evolution aus ...

A Nicht suchen, finden!

C Von allen Lastern ist Anstand das kostspieligste.

B Die schlechte Nachricht: Immer, wenn Sie anrufen, ist er im Meeting. Die gute Nachricht: Wir rechnen Ihre Gespräche sekundengenau ab.

Arbeitsanregungen

1. Erläutern Sie, mit welchen Gegensätzen die drei Beispiele aus einem Handbuch für Werbetexter arbeiten.
2. Stellen Sie nach dem Muster der Beispiele einander widersprechende Meinungen, Sachverhalte oder Personengruppen zum Thema „Lüge" gegenüber.

712, bitte 18-3! – Über das Verstehen von Gedichten. Mit Beispielen

von Ulf Stolterfoht

Ob es das noch gibt: „712, bitte 18-3"? In meiner Erinnerung waren die Stuttgarter Kaufhäuser erfüllt davon, schwirrten unaufhörlich codierte Botschaften durch die Luft, höchst abstrakt und anscheinend folgenlos, und das aus einem ganz einfachen Grund: Ich, der Bub, war ja der Einzige, der sie verstehen sollte! Erzählte das aber keinem. Als ich Jahre später erklärt bekam, dass „712, bitte 18-3" entschlüsselt etwas wie: *Frau Hoffmann, bitte Herrn Schneider an der Kasse Arbeitsbekleidung ablösen!* bedeute, schien mir ein überraschtes Gesicht eine angemessene Reaktion zu sein. Überlegenes Wissen behält man besser für sich.

Stuttgarter Zeitung, 7. 10. 2008

Arbeitsanregung

1. Schreiben Sie nach dem Muster dieses fremden Blicks auf die Wirklichkeit einen kurzen Text zum Thema „Alles Lüge". Bieten Sie wie Stolterfoht am Ende des Textes eine kurze Auflösung und einen Hinweis auf das Thema an.

Schreiben in einer Rolle –
Eine Rollenbiografie zu einem Essay entwerfen

Wilhelm Schmid
Am Anfang ist die Angst (2004)

Reines Vereinigen hoch oben auf dem Riesenrad. Gemeinsam mit anderen in einer Gondel, schwebend über aller Welt, ein wenig schaukelnd im Wind. Das Rad steht still, unten steigen Leute ein und aus. Da packt mich plötzlich, ohne Vorwarnung, ohne jeden Grund, die nackte Angst. Binnen eines Moments schlägt die übermütige Freude um in die entsetzliche Erkenntnis, dass ich mich hinunterstürzen werde, dass ich zerschmettert da unten liegen werde, dass nichts mich davon abhalten wird. „Mich"? Welcher Dämon hat mich gepackt? Was ist es, das mitten in mir Besitz von mir ergreift? Ich weiß es nicht, ich kenne „es" nicht, bin ihm noch nie begegnet, spüre nur mit grausamer Gewissheit, dass es übermächtig ist. Todesangst durchzuckt mich, lässt meinen Puls rasen, treibt kalten Schweiß auf meine Stirn; meine Hände versuchen, sich in die Bank zu krallen, auf der ich sitze, vergebens. Selbst wenn es gelänge: „Es" würde sie lösen, „ich" würde mich hinunterstürzen, und den Zurückbleibenden würde es für immer ein Rätsel bleiben, warum er, warum dort, und warum überhaupt ...

Information **Die Rollenbiografie**

Die Rollenbiografie dient dazu, sich vom Text ausgehend ein eigenes Bild von einer Figur zu machen. Markieren Sie zunächst im Text alle Informationen, die Sie dort zur Figur erhalten. Alle weiteren Vorstellungen zur Persönlichkeit dieser Figur dürfen Sie auf der Basis dieser Ergebnisse Ihren eigenen Überlegungen entsprechend ergänzen. Als Oberbegriffe helfen Ihnen folgende Kategorien:
- Allgemeines
- Äußeres
- Herkunft
- innere Haltung
- Beziehung zu anderen

Arbeitsanregungen

1. Bearbeiten Sie Wilhelm Schmids Text wie in der Information zur ▶ Rollenbiografie erläutert. Beantworten Sie dann vom Text ausgehend folgende Fragen in Stichworten:
   a) Wie heißen Sie? Wie alt sind Sie? Wo wohnen Sie? Wie sind Ihre Lebensbedingungen?
   b) Wie ist Ihr Äußeres (Größe, Körperbau, Gesicht, Haare, Kleidung)? Wie drücken Sie sich aus (Gang, Gestik, Mimik, Stimme)?
   c) Aus welchem Milieu kommen Sie? Wer sind/waren Ihre Eltern? Welche früheren Erlebnisse haben Sie nachhaltig geprägt?
   d) Was ist für Sie wichtig (Beruf/Arbeit, Familie, Religion)? Was freut Sie? Was ängstigt Sie? Wovon träumen Sie? Womit beschäftigen Sie sich vor allem?
   e) Mit wem leben Sie zusammen? Wer sind Ihre Freunde? Was bedeutet Ihnen die Gesellschaft? Welche politischen Auffassungen haben Sie?
2. Erläutern Sie, welche Wirkung das Schreiben in einer bestimmten Rolle in Schmids Essay hat.

Schreiben zu einem Bild – Eine Rolle einnehmen

> *Gestern noch war ich 40 und wurde zum Geschäftsführer ernannt. Die Kinder wohnten noch zu Hause. Ich bin 5 Kilometer täglich gelaufen und war mit mir und meinem Leben rundum zufrieden. Gestern habe ich an den Wochenenden gearbeitet, um neue Kunden zu gewinnen. Ich war fasziniert von meiner Karriere, ich sah mich schon ganz oben. Gestern sagte ich, dass ich mehr Tennis spielen würde, malen und endlich das Buch schreiben. Ich sprach von Reisen um die ganze Welt und dass ich irgendwo am Meer ein Häuschen kaufen würde. Gestern gab es so vieles, was ich morgen tun wollte.*
>
> Harley-Davidson

Arbeitsanregungen

1. a) Versetzen Sie sich in eine der Personen auf dem Bild. Schreiben Sie nach dem Muster des Werbetextes auf der rechten Seite einen inneren Monolog. Berücksichtigen Sie dabei die Perspektive der Person, die Situation und die einzelnen Bildelemente im Zusammenhang des Gesamtbildes. Achten Sie darauf, den inneren Monolog im Präsens zu verfassen – der Werbetext ist im Präteritum geschrieben.
   b) Orientieren Sie sich für Ihre weitergehenden Ideen an den Fragen zur ▶ Rollenbiografie (Seite 44).
   c) Entwickeln Sie in Ihrem Text einen grundlegenden Ansatz oder Gedanken zum Thema „Lügen" und führen Sie diesen mit Hilfe eines dem Werbetext ähnlichen Aufbaus und der Gliederung durch Anaphern wie „Gestern" zu einem Ziel (im Werbetext: das Produkt) oder zu einer Pointe.

2.3 Ein Thema entfalten – Unterschiedliche Schreibformen erproben

Urs Widmer
Das Geld, die Arbeit, die Angst, das Glück. (2002)

[...] Man schreibt den frühen Bewohnern Mesopotamiens, den Sumerern, zu, im 4. Jahrtausend die Schrift und das Rechnen erfunden zu haben. Sie machten das Tauschgeschäft, das bis dahin ein immer neues Feilschen gewesen war, zu einer mathematischen Aufgabe. Sie schufen Normen, nach denen der Wert einer Kuh oder einer Sandale benannt werden konnte. Und sie bezogen als Erste diese Norm auf ein Metall, auf Kupfer und, vor allem und immer mehr, auf Gold und Silber. Deren sakrale Aura – bei den Sumerern verwalteten die Priester die heiligen Metalle – ist uns bis heute erhalten geblieben, denn bis heute haben der Wert des Goldes und des Silbers nichts mit einem sozusagen natürlichen Wert zu tun, der aus ihrer realen Verwendbarkeit definiert wäre. Münzen allerdings, eigentliches Geld, hatten die Sumerer noch nicht. Viele Kulturen an vielen Orten erfanden viele, zuweilen bizarre Tauschsymbole, Geld eben: Muscheln oder besondere Steine oder sogar Vogelfedern.

Arbeitsanregungen

1. Formulieren Sie mit eigenen Worten, welchen Weg Urs Widmer (Text auf Seite 45) wählt, um in sein Thema einzuführen.
2. In welcher Art von Buch würden Sie einen derartigen Text eigentlich erwarten?

Information — **Thematische Entfaltung – Strategien und Empfehlungen aus Sprachwissenschaft und Praxis**

Je nachdem, wie die Verfasserin/der Verfasser eines Essays ein **Thema** darstellen möchte, wird sie/er es unterschiedlich aufbereiten. Die Textgestaltung hängt davon ab, ob sie/er die Leserinnen/Leser ansprechen, informieren, unterhalten, überzeugen oder in ihr/sein Nachdenken einbeziehen will. Dabei kann sie/er sich an den Eigenschaften bestimmter Textsorten orientieren (z. B. Lexikonartikel, Erzählungen, Personenbeschreibungen, Gebrauchsanleitungen, Schilderungen, Kommentare, Erörterungen/argumentierende Textsorten). Sprachwissenschaftler sprechen dabei von „thematischer Entfaltung". In längeren Texten werden häufig mehrere Möglichkeiten der thematischen Entfaltung genutzt.

- **Deskriptive (beschreibende) Entfaltung:** Ziel ist es, ein möglichst genaues Bild einer Person, eines Gegenstands, eines Ereignisses oder eines Sachverhalts zu vermitteln. Typische Texte sind Berichte, Beschreibungen, Anleitungen, auch Gesetze und Verträge. Thematisch werden viele Einzelheiten ausgeführt und wieder unter einem übergeordneten Gesichtspunkt zusammengeführt. Dabei bestimmt z. B. der zeitliche Ablauf oder der übergeordnete Zusammenhang den Aufbau.

- **Narrative (erzählende) Entfaltung:** Ereignisse werden aus einem persönlichen Blickwinkel dargestellt und betrachtet. Die Erzählerin/der Erzähler führt hin zu einem eigenen Standpunkt. Alltagserzählungen, alle Erzählformen der großen und kleinen Formen (Roman, Novelle, Kurzgeschichte, Fabel) können verwendet werden. Das Schreiben in der ersten Person, in der Vergangenheit ist einfacher als die Verwendung der dritten Person oder der Gegenwart bis hin zu besonderen Darstellungsformen wie z. B. dem inneren Monolog. Thematisch wird ein ungewöhnliches Ereignis dargestellt, aufgelöst oder zugespitzt, anschließend bewertet. Mehr oder weniger ausgeführte Angaben zu Zeit, Ort und Figuren helfen, sich das Geschehen vorzustellen.

- **Explikative (erklärende) Entfaltung:** Erklärt wird häufig in Verbindung mit anderen Formen der Entfaltung. Diese Texte sind in Lehrbüchern oder als wissenschaftliche Beiträge in Zeitschriften zu finden. Ein Sachverhalt wird mit Hilfe eines zweiten in einen Zusammenhang von Ursache und Folge gestellt. Es werden alle sprachlichen Merkmale verwendet, die begründen oder eine Ursache oder eine Folge benennen (weil, wegen, folglich, denn, deshalb).

- **Argumentative (begründende) Entfaltung:** Diese Texte legen zu einem strittigen Thema verschiedene Standpunkte dar, liefern Hintergrundinformationen, Fakten und Details. Die eigene Meinung wird deutlich herausgestellt und mit Argumenten untermauert. Die Leserin/Der Leser muss entweder eine Entscheidung treffen oder soll vom eigenen Standpunkt überzeugt werden. Bedingungen, Folgen, Gegensätze werden sprachlich verdeutlicht (wenn, denn, sodass, deshalb, einerseits – andererseits, während). Neben den Ihnen bekannten Aufsatzformen der Erörterung bieten beispielsweise Kommentare, Leserbriefe und Beiträge in Zeitschriften und im Internet argumentierende Bestandteile.

B 2 Thematische Entfaltung – Textfunktion und Schreibhaltung

A

Lüge, bewusst falsche Aussage, auf Täuschung angelegte Aussage; sie liegt auch dann vor, wenn Tatsachen mit Absicht verschwiegen oder entstellt wiedergegeben werden. Da Wahrhaftigkeit eine der Grundlagen des menschlichen Zusammenlebens und eine Forderung der Selbstachtung ist, stimmen alle Richtungen der Ethik in der Verwerfung der Lüge überein. Mögliche Beweggründe der Lüge sind: Angst und Feigheit aus Scheu vor der Verantwortung der Wahrheit, […].

C

Das Gesicht färbt sich fleckig. Nervös fasst er immer wieder an die Krawatte. Die Finger beider Hände scheinen ständig gerieben und geknetet werden zu wollen. Der Blick bleibt trüb und ruht nur kurz in den Pupillen seiner Gesprächspartnerin, um sich dann direkt wieder abzuwenden. Betreten wechselt er ständig den Standort im viel zu kleinen Zimmer, knickt in der Hüfte ein, statt aufrecht und gerade dazustehen. Seine Stimme klingt dabei fremd, bemüht freundlich, zaghaft und fast abwesend antwortet er. Sein Körper spricht Bände, während er ausweicht.

B

Solche Täuschungen, da stimmen Forscher überein, sind so fest in der Biologie des Menschen verankert, dass unsere Kultur zu einem erheblichen Teil auf Vorspiegelung falscher Tatsachen beruht. Evolutionsbiologen vermuten, dass der Hang zum Lügen tief in der Entwicklungsgeschichte wurzelt. Denn mit dieser Angewohnheit steht Homo sapiens nicht allein da. Auch im Tierreich herrschen Lug und Trug. Gottesanbeterinnen etwa tarnen sich als totes Blatt: Ihr Äußeres verschmilzt so perfekt mit der Vegetation, dass die räuberischen Insekten der Aufmerksamkeit ihrer Opfer entgehen – wie den Blicken ihrer eigenen Fressfeinde. […] Solche Täuschungen verschaffen Vorteile: Wer erfolgreich trickst, setzt sich im täglichen Kampf ums Überleben, im Wettstreit um einen Fortpflanzungspartner eher durch.

D

Tit for Tat hat lediglich zwei Grundregeln

Erstens: Bei der ersten Entscheidung sollte man guten Willen zeigen und kooperieren.

Zweitens: Ab dann sollte man sich immer so verhalten, wie sich der andere bei der letzten Entscheidung verhalten hat. Wer belogen wurde, muss bei der nächsten Gelegenheit eben selbst lügen. War der andere ehrlich, sollte man es beim nächsten Mal auch so machen.

Arbeitsanregungen

1. a) Bestimmen Sie jeweils die ▶ thematische Entfaltung (Seite 46) von Text 1 bis Text 4.
   b) Untersuchen Sie, mit welchen Mitteln diese thematische Entfaltung umgesetzt ist.
2. Gestalten Sie bei den folgenden Schreibübungen jeweils einen kurzen Text, den Sie thematisch nach den Vorgaben/entsprechend dem Beispiel entfalten. Übertragen Sie dazu die Vorlage von Seite 48 in Ihren Kursordner.
3. Überarbeiten Sie Ihren Text zusammen mit einer Lernpartnerin/einem Lernpartner. Die rechte Spalte dient dabei Ihren eigenen und den Kommentaren Ihrer Lernpartnerin/Ihres Lernpartners. Nutzen Sie die Informationen zu den Mitteln der jeweiligen ▶ thematischen Entfaltung (Seite 46). Prüfen Sie, ob Ihr Text dem vorgegebenen Stichwort gerecht wird.

Argumentieren Sie zum Stichwort **Notlügen**	**argumentative thematische Entfaltung**
Textthema „Lüge"	Kommentar
✏️	

Erzählen Sie eine Geschichte zum Stichwort **Unwahrheit**	**narrative thematische Entfaltung**
Textthema „Lüge"	Kommentar
✏️	

Schildern Sie eine selbst erlebte Situation zum Stichwort **Jemanden schonen**	**deskriptive und narrative thematische Entfaltung**
Textthema „Lüge"	Kommentar
✏️	

Verfassen Sie nach dem Muster des Textes auf der rechten Seite einen kurzen Text zum Stichwort **Plagiat**. Folgen Sie seinem Aufbau und seinen Gliederungssignalen.	Die Spezies der Jurastudenten, so ein aktueller Uni-Scherz, lässt sich in vier Güteklassen einteilen. Kategorie A stellt, wie gehabt, Lehrbücher und Gesetzeskommentare nach Gebrauch ins Regal zurück. Kategorie B platziert wichtige Arbeitsmaterialien in entfernte Winkel der Bibliothek, damit die Konkurrenten (früher: Kommilitonen) in die Röhre schauen. Die C-Klasse treibt 's genauso, reißt aber – sicher ist sicher – noch die wichtigsten Seiten raus. Kategorie D nimmt die Bücher für immer an sich. Schon manche hübsche Privatbibliothek ist so entstanden. (Allein an der Uni Mainz werden pro Jahr rund 1000 juristische Werke vermisst.) Beim Klauen können mit unseren künftigen Rechtsanwälten und Richtern – laut Angaben der Deutschen Bibliotheksverbände – nur noch die Theologen mithalten.
Textthema „Lüge"	Kommentar
✏️	

3 Die Logik des Aufbaus – Einen Schreibplan erstellen

In diesem Kapitel erwerben Sie folgende Kenntnisse und Kompetenzen:
- unterschiedliche Möglichkeiten für den Einstieg eines Essays kennen lernen,
- den Aufbau eines Essays im Hauptteil grob planen,
- mögliche Gliederungsprinzipien erkennen und umsetzen,
- Abschnitte flexibel und sinnvoll miteinander verbinden,
- vom einen zum anderen Themenbereich sinnvoll überleiten,
- Möglichkeiten für den Schluss eines Essays und die Titelfindung kennen lernen.

3.1 Am Anfang war das Wort – Unterschiedliche Einleitungen verfassen

Bei der Gestaltung eines Essays haben Sie große Freiheiten. Am Beispiel eines Essays zum Thema „Lügen" sind hier verschiedene Einleitungsmöglichkeiten vorgestellt.

Text 1

Sehr geehrte Damen und Herren,
„Warum lügen wir?" ist das Thema unseres Kongresses, und damit sich Theorie und Praxis verknüpfen, habe ich bereits einmal gelogen. Wenn ich nämlich der Wahrheit die Ehre geben soll, dann ehre ich Sie gar nicht, zumindest nicht sehr. Warum beschränke ich mich also nicht auf ein weniger euphemistisches „Geehrte Damen und Herren" oder auf ein sachliches „Meine Damen und Herren"? Ganz einfach: Weil die rhetorische Konvention dies nicht vorsieht. Und damit hätten wir bereits die erste Antwort auf unsere Kongress-Frage: Wir lügen, weil die Konvention es erheischt.

Text 2

Lieber Felix,
morgen wirst Du zwanzig Jahre alt und hast schon viel erreicht in Deinem Leben: das Abitur mit Glanz und Gloria bestanden, ein freiwilliges soziales Jahr absolviert, einen Studienplatz ergattert – und schon 1 061 000 Mal gelogen. Sofern der Journalist Jürgen Schmieder recht hat und der Mensch zweihundertmal am Tage lügt. Aber selbst wenn ich Dir Deine ersten zehn Lebensjahre erlasse, so sind Dir schon mehr als eine halbe Million Lügen über die Lippen gekommen (bitte erspare mir, auszurechnen, auf wie viele Lügen ich es gebracht habe, ich will es gar nicht wissen).

Text 3

In der 7. Klasse hatte ich einen Nebensitzer, einen jähzornigen Kerl, vor dem sich jeder in der Klasse fürchtete und der eigentlich immer abschrieb: in Deutsch, wenn wir Diktate schrieben, in Englisch, wenn wir übersetzen mussten, in den Geschichts-, den Biologietests ... Schon vor den Klassenarbeiten forderte er mich dazu auf, mein Heft ja so zu platzieren, dass er leicht einen Blick darauf werfen könne. Ich hielt mich aus falsch verstandener Kameradschaftlichkeit – oder aus Angst vor seinem Jähzorn? – an seine Direktiven. Nun geschah es, dass unser Deutschlehrer inmitten eines Diktats auf ihn losfuhr und brüllte: „Du hast abgeschrieben, ich hab's genau gesehen!" Ich weiß nicht, ob ich damals über diesen Zornesausbruch mehr erschrocken war als über das, was folgte: Mein Nebensitzer verschränkte seelenruhig die Arme und sagte mit einem unschuldigen Gesichtsausdruck: „Ich schreibe nie ab. Wenn hier einer abschreibt, dann ist es der" – und dabei deutete er, ohne den Kopf zu wenden, auf mich.

Text 4

A: „Ich lüge nie. Lügen sind die abscheulichste Form des sozialen Miteinanders, die man sich vorstellen kann. Wer einmal lügt, hat dauerhaft sein Vertrauen verspielt, denn nicht grundlos sagt man: ‚Wer einmal lügt, dem glaubt man nicht, und wenn er selbst die Wahrheit spricht.'"

5 B: „Du hast also immer die Wahrheit gesagt. Als deine kleine Tochter – ich glaube, sie ist jetzt vier Jahre alt – dich gefragt hat, was das Christkind dieses Jahr bringt, hast du kaltherzig gesagt: ‚Es gibt kein Christkind. Das Christkind ist eine Lüge. Ich bin derjenige, der dir Geschenke bringt'?"

A: „Solche ‚Lügen' habe ich natürlich nicht gemeint, weil dies nämlich keine Lügen
10 sind, sondern…"

Text 5

Gehen wir einmal von folgender Situation aus: Ein Mann, atemlos und offensichtlich in Todesangst, nähert sich einem Haus, vor dem dessen Eigentümer steht. „Bitte lass' mich in dein Haus, ich werde verfolgt und bin in Lebensgefahr", sagt der Mann, und der Hauseigentümer gewährt ihm natürlich Zutritt, weil er es für seine Pflicht hält.
5 Wenig später trifft der Verfolger ein, schwer bewaffnet und, wie es scheint, mordlüstern. „Hast du", schreit er schon von ferne, „einen Mann, der vor mir flieht, in dein Haus gelassen? Ja oder nein?"
Der Hauseigentümer steht nun vor einem Dilemma: Soll er lügen, um das Leben des Verfolgten zu schützen, oder soll er die Wahrheit sagen? Lügt er, wird der Berserker ums
10 Haus laufen, um sein Opfer weiter zu verfolgen, während dieses im Haus und in Sicherheit ist. Sagt er jedoch die Wahrheit, wird der andere in sein Haus eindringen, dort sein Opfer finden und es töten. Was aber, wenn er lügt, und der Verfolgte, im Glauben, im Haus nicht sicher zu sein, dieses durch die Hintertür verlassen hat? Wird der Eigentümer in diesem Fall durch seine Lüge den Mordsüchtigen nicht erst recht auf die
15 Fährte seines Opfers setzen und womöglich an dessen Tod schuld sein? Wäre es also nicht besser, die Wahrheit zu sagen?

Arbeitsanregungen

1. Beschreiben Sie den kommunikativen Kontext, in dem die fünf Texte verortet werden könnten.
2. Legen Sie dar, welche gedankliche Entwicklung die fünf Essays nehmen könnten, die mit diesen unterschiedlichen Einleitungen beginnen.

3.2 Einen Gedanken entwickeln – Den Hauptteil gliedern

Gliederungsprinzipien erkennen

Methode **Einen Essay gliedern**

Sie können Ihren Essay nach den folgenden **Gliederungsprinzipien** aufbauen:
1. vom Allgemeinen zum Besonderen/zum Einzelfall,
2. vom Besonderen/Einzelfall zum Allgemeinen,
3. mit dem zeitlichen Ablauf/dem zeitlichen Nacheinander als Grundmuster,
4. nach dem Ganzen und seinen Teilen,
5. über verschiedene Vergleiche,
6. nach dem Prinzip von Grund, Ursache und Folge,
7. nach Aktualität (von aktuellen Beispielen zu immer weiter zurückliegenden),
8. durch einen roten Faden, der als These, Zitat, Leitmotiv oder Begriff immer wieder auftaucht,
9. auf eine plötzliche unerwartete Wendung (Pointe) hin: weite Schilderung, Entfaltung, die sich auf einen abschließenden Satz oder Abschnitt zuspitzt.

Du sollst nicht lügen

von Ulla Lessman

Auszug 1
Sage ich meiner alten Mutter die Wahrheit, ist sie gekränkt, macht sich Sorgen, oder ich muss Erklärungen abgeben, die ich nicht abgeben will. Ich verletze meine Nachbarin, wenn ich ihr wahrheitsliebend sage, dass sie einen der hässlichsten Säuglinge geboren hat, die mir je unter die Augen gekommen sind.
Nur zur Notlüge, das lernen wir, darf, wie der Name schon sagt, in der Not gegriffen werden. Ein solcher Notfall, lernt das Kind, sind Weihnachtsgeschenke von Oma und Opa, zu denen man niemals Sätze sagen darf wie „Was soll ich denn damit?"

Spätestens in der Pubertät lernt man dann, dass es für die eigene Beliebtheit abträglich ist, immer die Wahrheit und nichts als die Wahrheit über das Aussehen seiner Mitmenschen zu sagen. „Dieses Kleid macht dich dick und blass." Diese Tatsache spricht niemand einer Freundin gegenüber aus – es sei denn, man will sie loswerden. Und wir werden eisern behaupten, die Lieblingstante unseres Liebsten sei reizend, obwohl sie uns von der ersten Sekunde an unsympathisch war. „Die ersten 20 Lebensjahre trainieren wir das perfekte Lügen als kulturelle Technik", sagt der Sozialpsychologe Klaus Fiedler.

Auszug 2
Offenheit und Aufrichtigkeit gelten als erstrebenswerte Charaktereigenschaften. Das sind sie auch. Aber nur dort, wo sie andere weder verletzen noch uns selbst in Turbulenzen stürzen. Daraus folgt für mich: Wenn meine Freundin mir sagt, mein neues Kos-

tüm sei einfach umwerfend, werde ich nicht misstrauisch ihre Pupillen studieren. Ich will nicht, dass der Enkel seiner Oma an den Kopf knallt, sie habe ein doofes Geschenk gekauft. Ich frage nicht skeptisch nach, wenn der einsame Nachbar von seiner großen Familie erzählt. Lügen im Alltag fördern und erfordern Kreativität, Fantasie, Einfühlungsvermögen, Flexibilität und Schlagfertigkeit – alles höchst erstrebenswerte Fähigkeiten! Die moderne Evolutionsbiologie behauptet sogar, dass Lügen einen enormen Selektionsdruck für die Entwicklung von Bewusstsein, Intelligenz und Moralität dargestellt haben.

Der Philosoph Gerit Hoppe, der sich mit den „Kulturen der Lüge" beschäftigt, sagt, unsere seelische Grundausstattung „scheint durch die natürliche Auslese in unseren Gehirnen herangezüchtet worden zu sein, damit wir Betrüger entlarven und selber besser vermeiden können, bei Betrugsmanövern aufzufallen. Demnach wäre die Lüge eine treibende Kraft zur Entwicklung von Geist, Sprache und Kultur." Deshalb sollten wir von klein auf lernen, intelligent, sensibel und wohldosiert zu lügen und zu unterscheiden, wann Lügen verwerflich und wann sie geboten sind. Ehrlich sein können wir zur Not immer noch. „Störe ich?", fragt meine Mutter am Telefon. „Ja", sage ich. „Warum", fragt meine Mutter, „gehst du dann ans Telefon?" Vielleicht ist die gelegentliche Alternative zum Lügen: schweigen.

Auszug 3
Ich behaupte, menschliche Kommunikation ist überhaupt nur möglich, weil wir alle irgendwann kapieren: Der Grundsatz „Ehrlich währt am längsten" ist eine fromme Lüge. Der Kommunikationswissenschaftler Klaus Merten hält die Lüge gar für „einen der wirksamsten Mechanismen der Systemerhaltung". Und ich bin ganz einig mit Martin Luther, der die Notlüge als „Tugend" bezeichnete, „zu dem Zwecke angewendet, dass des Teufels Grimm verhindert und der Ehre, dem Leben und Nutzen des Nächsten gedient werde". Lügen aus Freundlichkeit, Höflichkeit, Rücksicht auf die Gefühle anderer, aus Taktgefühl, Mitleid und Barmherzigkeit gereichen der Lügnerin und dem Lügner auf jeden Fall zur Ehre.

Aus diesen Gründen lügen die meisten Menschen. Und sie können das so gut, dass selbst Profis Lügner nicht erkennen: Bei Experimenten entlarvten Verhörspezialisten maximal jeden Zweiten. Lügnerinnen und Lügner werden selten rot, sie verhaspeln sich kaum und knabbern nicht an Fingernägeln. Sie pressen nur etwas häufiger die Lippen zusammen, ihre Stimme wird etwas höher, ihre Pupillen erweitern sich ein wenig. Aber diese Merkmale zeigen auch Menschen, die befürchten, für Lügner gehalten zu werden, obwohl sie die Wahrheit sagen. Das ist einer der Gründe für die Unzuverlässigkeit von Lügendetektoren.

Chrismon 03/2007

Arbeitsanregungen
1. Ordnen Sie jedem der drei Auszüge aus dem Essay von Ulla Lessmann eines der ▶ Gliederungsprinzipien (Seite 51) zu. Begründen Sie Ihre Zuordnung in Stichworten. Belegen Sie Ihre Aussagen jeweils mit Schlüsselbegriffen.
2. In einigen Essays sind mehrere Gliederungsprinzipien miteinander verbunden. Zeigen Sie, wie Martin Hohnecker in seinem Essay über die Essgewohnheiten des modernen Menschen (Seite 31 ff.) die Gliederungsprinzipien 3, 4, 5 und 8 virtuos miteinander verknüpft.

Textteile selbst anordnen und die Anordnung bewerten

Du sollst nicht lügen

von Ulla Lessman

A
Wer von Hartz IV leben muss, dem würde ich zur Lüge über diesen Zustand raten, denn seine Umgebung hat gelernt, dass er arbeitsunwillig ist, ein Parasit oder Schmarotzer gar – mit diesen Worten ist seinesgleichen ja stigmatisiert worden. Jede über 50-jährige Arbeitsuchende sollte über ihr Alter so lange lügen, wie es irgend geht, vielleicht hat sie durch ihre Fähigkeiten ehrlich überzeugt, bevor sie Papiere zeigen muss.

B
Es wird von Wissenschaftlern und Schlagersternchen, Journalistinnen und Sportlern aus Ruhmsucht, Erfolgsgier oder Gewinnstreben gelogen wie gedruckt, auf dass sich die berühmten Balken biegen. So ist die Welt. Wir gewöhnlichen Menschen, die wir keine Entdeckungen fälschen, keine Liebesdramen erfinden und nicht dopen, lügen häufig aus sehr vernünftigen Gründen.

C
Jurek Beckers „Jakob der Lügner", einer meiner literarischen Lieblingshelden, lügt aus tief empfundener Mitmenschlichkeit seinen Leidensgenossen im Getto die baldige Befreiung vor, um ihnen die Angst zu nehmen und Hoffnung zu geben.

Chrismon 03/2007

Arbeitsanregungen

1. a) Ordnen Sie die drei Auszüge aus dem Essay von Ulla Lessmann nach den ▶ Gliederungsprinzipien 1, 2 und 7 (Seite 51).
   b) Beschreiben Sie die Wirkung der jeweiligen Anordnung.
   c) Entscheiden Sie sich für die Ihrer Meinung nach wirkungsvollste Variante und begründen Sie Ihre Entscheidung.

Von einem Gedanken zum nächsten übergehen – Kohärenz herstellen

Du sollst nicht lügen

von Ulla Lessman

Auszug 1

Aus diesen Gründen lügen die meisten Menschen. Und sie können das so gut, dass selbst Profis Lügner nicht erkennen: Bei Experimenten entlarvten Verhörspezialisten maximal jeden Zweiten. Lügnerinnen und Lügner werden selten rot, sie verhaspeln sich kaum und knabbern nicht an Fingernägeln. Sie pressen nur etwas häufiger die Lippen zusammen, ihre Stimme wird etwas höher, ihre Pupillen erweitern sich ein wenig. Aber diese Merkmale zeigen auch Menschen, die befürchten, für Lügner gehalten zu werden, obwohl sie die Wahrheit sagen. Das ist einer der Gründe für die Unzuverlässigkeit von Lügendetektoren.

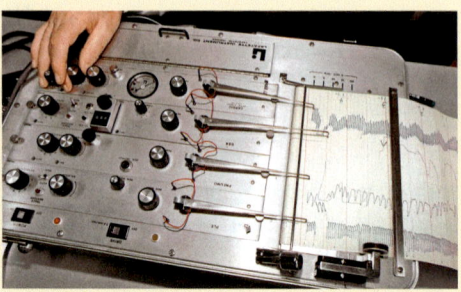

Die aufgezeichneten Kurven eines Lügendetektors haben mit einer Lüge nichts zu tun.

Auszug 2 – Der verbindende Gedanke

(vgl. Aufgabe 3 unten)

Auszug 3

Dass Politikerinnen und Politiker umgekehrt ihre Wähler und Wählerinnen zum Lügen zwingen, nehme ich weniger gelassen hin. Wer von Hartz IV leben muss, dem würde ich zur Lüge über diesen Zustand raten, denn seine Umgebung hat gelernt, dass er arbeitsunwillig ist, ein Parasit oder Schmarotzer gar – mit diesen Worten ist seinesgleichen ja stigmatisiert worden. Jede über 50-jährige Arbeitsuchende sollte über ihr Alter so lange lügen, wie es irgend geht, vielleicht hat sie durch ihre Fähigkeiten ehrlich überzeugt, bevor sie Papiere zeigen muss. Es wird von Wissenschaftlern und Schlagersternchen, Journalistinnen und Sportlern aus Ruhmsucht, Erfolgsgier oder Gewinnstreben gelogen wie gedruckt, auf dass sich die berühmten Balken biegen. So ist die Welt. Wir gewöhnlichen Menschen, die wir keine Entdeckungen fälschen, keine Liebesdramen erfinden und nicht dopen, lügen häufig aus sehr vernünftigen Gründen.

Chrismon 03/2007

Arbeitsanregungen

1. a) Bestimmen Sie die Kernaussage von Auszug 1.
   b) Notieren Sie die dazu passenden Schlüsselbegriffe aus diesem Auszug.
2. Arbeiten Sie die in Auszug 3 vorkommenden Personen, Personengruppen und die dazugehörenden Beispiele für das Lügen heraus.
3. Verfassen Sie einen kurzen Text für Auszug 2, der Auszug 1 mit Auszug 3 verbindet. Greifen Sie dabei auf die Kernaussage oder eine der Beobachtungen/einen der Schlüsselbegriffe aus Auszug 1 zurück und erwähnen Sie bereits eine der Personen, Personengruppen oder ein Beispiel aus Auszug 3.

3.3 Das letzte Wort haben – Einen Schluss verfassen

Methode | **Den Schluss eines Essays formulieren**

Sie können den Schlussabschnitt eines Essays auf unterschiedliche Art und Weise gestalten:
- Formulieren Sie eine Zusammenfassung.
- Ziehen Sie ein Fazit.
- Greifen Sie den Gedanken oder sogar Teile der Formulierung aus der Einleitung wieder auf.
- Entwerfen Sie einen Ausblick oder eine in ferner Zukunft mögliche/vorstellbare Entwicklung (Utopie).
- Spitzen Sie Ihre Gedanken auf eine plötzliche, unerwartete Wendung zu (Pointe).
- Greifen Sie zum Schluss auf einen prägnanten Satz oder eine Anekdote aus Geschichte, Philosophie oder Popkultur (Film, Musik) zurück.

Du sollst nicht lügen

von Ulla Lessman

Einleitung
„Störe ich?", fragt meine Mutter am Telefon. Ja, sie stört. „Nein, natürlich nicht", sage ich. „Geht es dir gut?", fragt meine Mutter. Nein, es geht mir nicht gut. „Sehr gut", sage ich. Diese beiden Antworten sind wahrscheinlich meine 137. und 138. Lüge an diesem Tag. […]

Schluss
„[...] Demnach wäre die Lüge eine treibende Kraft zur Entwicklung von Geist, Sprache und Kultur." Deshalb sollten wir von klein auf lernen, intelligent, sensibel und wohldosiert zu lügen und zu unterscheiden, wann Lügen verwerflich und wann sie geboten sind. Ehrlich sein können wir zur Not immer noch. „Störe ich?", fragt meine Mutter am Telefon. „Ja", sage ich. „Warum", fragt meine Mutter, „gehst du dann ans Telefon?" Vielleicht ist die gelegentliche Alternative zum Lügen: schweigen.

Chrismon 03/2007

Nomaden auf Nahrungssuche.
Anmerkungen zu Geschmack und Gesellschaft, Genuss und Glück.

von Martin Hohnecker

Schluss
Da in den coolen Zeiten grassierender Finger- und Junkfoods alles erlaubt ist, werden Regelverstöße weder registriert noch geahndet. Höchstens bei Familienfesten oder im Restaurant schauen ein paar Leute pikiert drein, wenn jemand drinnen die Suppe so laut schlabbert, wie er es draußen von seinem Kaffeebecher her gewohnt ist. Aber welcher Mobilmampfer geht noch in Restaurants, wenn die Fressmeile supertoll ist? Mahlzeit!

Stuttgarter Zeitung, 10. 4. 2010

712, bitte 18-3! – Über das Verstehen von Gedichten. Mit Beispielen

von Ulf Stolterfoht

Einleitung
Ob es das noch gibt: „712, bitte 18-3"? In meiner Erinnerung waren die Stuttgarter Kaufhäuser erfüllt davon, schwirrten unaufhörlich codierte Botschaften durch die Luft, höchst abstrakt und anscheinend folgenlos, und das aus einem ganz einfachen Grund: Ich, der Bub, war ja der Einzige, der sie verstehen solle! Erzählte das aber keinem. Als ich Jahre später erklärt bekam, dass „712, bitte 18-3" entschlüsselt etwas wie: *Frau Hoffmann, bitte Herrn Schneider an der Kasse Arbeitsbekleidung ablösen!* bedeute, schien mir ein überraschtes Gesicht eine angemessene Reaktion zu sein. Überlegenes Wissen behält man besser für sich.

Schluss
Auf diese Weise demonstrieren uns gerade die gedichtförmigen Gegenstände, die sich selbst thematisieren, dass sie durch nichts herausgehoben sind aus der Masse aller übrigen Gegenstände, die man nicht versteht, die man nicht verstehen kann und von denen man letztlich nicht einmal sicher sagen könnte: SIE SIND!

Hey hey, my my:
712, bitte 18-3

Stuttgarter Zeitung, 7. 10. 2008

Arbeitsanregung

1. Erläutern Sie, welche Möglichkeit, den ▶ Schluss eines Essays zu formulieren (Seite 55), die Autoren jeweils gewählt haben. Belegen Sie Ihre Beobachtungen.

Urs Widmer
Das Geld, die Arbeit, die Angst, das Glück. (2002)

Ausschnitt 1
Geld ist, was es wirkt. Es schafft die Unterschiede. Die Unterschiede schaffen den Neid, der Neid schafft die Wut, die Wut schafft die Gewalt, die Gewalt heißt dann oft Mord, Massenmord, Krieg. Geld schafft den Tod.

Ausschnitt 2
Wann, wie und warum, da mag man noch ein bisschen drum rechten. Aber hier natürlich fangen die Fragen an, und es gibt beinah so viele Antworten wie Fragen. Es ist schwieriger, die diffuse Gegenwart auszuhalten und halbwegs rational zu betrachten, als auf die apokalyptischen Reiter zu deuten, die den Horizont entlanggaloppieren.

Ausschnitt 3
König Midas war der König von Phrygien, das ist in der heutigen Türkei, und er hatte einen Wunsch frei bei den Göttern von damals. Er wünschte sich, dass alles, was er anfasste, auf der

Stelle zu Gold werde. Aber bitte, sagten die Götter, es sei. Midas fasste einen Stuhl an, und schon war der aus Gold. Einen Teller. Gold. Einen Stein. Auch Gold. Super. Aber dann kriegte König Midas Hunger und wollte essen, ein Falafel oder ein Dönerkebab, und die wurden auch zu Gold, und er biss sich einen Zahn aus. Das Wasser war Gold in einem Glas aus Gold. Hilfe, brüllte König Midas, Götter, Irrtum, großer Irrtum, befreiet mich von diesem Fluch. Und weil die Götter damals gute Götter waren, sagten sie ihm, er solle im Fluss Paktolos baden, dann sei alles wieder gut, und tatsächlich, als König Midas aus dem Wasser stieg, konnte er sein Falafel essen und das Wasser trinken. Im Fluss Paktolos aber findet man heute noch Gold.

Ausschnitt 4

Es ist das Einfachste von der Welt, die Katastrophe zu prophezeien. Kassandra ist eine Rolle geworden, die jede und jeder spielen kann. Es liegt auf der Hand, dass das alles nicht gutgehen kann, die Erhitzung der Weltwirtschaft, die ungleiche Verteilung des Besitzes, der kriminelle Umgang mit unserer Natur, die zukunftsblinde Ausbeutung der Rohstoffe, das schier ungebremste Wachstum der Weltbevölkerung. Wer unsern Untergang voraussagt, hat beinahe sicher recht.

Ausschnitt 5

Über das Geld nachdenkend, wird man leer, gelähmt oder jäh aggressiv, weil das alles so entsetzlich undurchschaubar ist. Das Geld macht jeden klein, es macht sogar die Größten der Großen klein, weil da immer ein noch größeres Geld bleibt, über das der größte Große nicht verfügt und dessen Wirkung er nicht versteht. Das Geld, das doch wie das Objektive selber aussieht, bewirkt in uns nur allzu oft irrationales Verhalten.

Arbeitsanregung

1. Welcher der fünf Ausschnitte eignet sich Ihrer Meinung nach als Schlussabschnitt für den Essay von Urs Widmer? Begründen Sie Ihre Wahl mit Hilfe der Vorschläge für den ▶ Schluss eines Essays (Seite 55). Eine weitere Hilfe für Ihre Begründung kann die Gedankenführung sein: Erwarten Sie, dass weitere Ausführungen folgen, oder schließen die Ausschnitte jeweils mit einem Gedanken ab? Auch das Kapitel zur ▶ thematischen Entfaltung (Seite 36 ff.) kann Ihnen helfen.

Es gibt kein Leben ohne Angst

von Egon Fabian

Angst ist als existenzielle Angst ein Urgefühl menschlichen Daseins. Es wird nie ein Leben ohne Angst geben. Die Menschen unterscheiden sich weniger dadurch, ob sie Angst haben; sie unterscheiden sich in der Art, wie sie gelernt haben, die Angst auszudrücken. Und sie unterscheiden sich wesentlich in der Art, wie sie mit der Angst umgehen, das heißt, ob sie die eigene Angst vor der Angst zulassen oder abwehren, verdrängen oder sich mit ihr konfrontieren.

Psychologie heute, 03/2010

Arbeitsanregung

1. Gestalten Sie selbst das Ende eines Essays im Anschluss an obigen Titel und vorangegangenen Gedanken.

3.4 Der erste Eindruck zählt – Einen Titel finden

Thema: Das angemessene Verhalten des Menschen gegenüber den Erfahrungen, die er im Leben machen muss
Titel: Von der Erfahrung (Montaigne)

Thema: Das Verhältnis von Literatur und gesellschaftlichem Engagement
Titel: Stil und Moral (Bärfuss)

Thema: Selbstbestimmtes, autonomes Handeln des Menschen
Titel: Beantwortung der Frage: Was ist Aufklärung? (Kant)

Thema: *Reisen und menschlicher Alltag*
Titel: *Vom Reisen (Kunert)*

Thema: Freundschaft
Titel: Über die Freundschaft (Bacon)

Thema: Das Verstehen von Texten
Titel: 712, bitte 18-3! Über das Verstehen von Gedichten. Mit Beispielen (Stolterfoht)

Thema: *Architektur und Lebensgefühl in deutschen Städten*
Titel: *Warum sind deutsche Städte so hässlich? (Kehlmann)*

Thema: TV-Format der Gerichtsshows
Titel: Recht gefühlsecht. Zum bemerkenswerten Erfolg deutscher TV-Gerichtsshows (Oswald)

Thema: Risiken des Sicherheitsstaates
Titel: Mit Sicherheit in den Untergang (Trojanow)

Thema: Die DDR-Vergangenheit als konservierte Geschichte
Titel: Ausgestorben lebendig (Rávic Strubel)

Thema: Rauchen und die sieben Todsünden
Titel: Rauchen macht dumm (Tripp)

Thema: Sprache und Gesellschaft
Titel: Das Wort für die Sache halten. Über den Begriff „Verlierer" (Schulze)

Arbeitsanregungen

1. Verfassen Sie nach den Mustern oben Essay-Titel zu folgenden Themen:

   Angst   Lüge   Freundschaft   Gute Literatur   Moral heute   Mobilität   Familie

2. Schreiben Sie eine Anleitung dafür, wie Titel in Essays formuliert werden können.

4 Schreibwerkstatt Essay – Stilübungen

In diesem Kapitel erwerben Sie folgende Kenntnisse und Kompetenzen:
- mit sprachlichen Mitteln Ihren Essay gestalten,
- die Wirkung der wichtigsten rhetorischen Stilmittel für Ihren Essay nutzen,
- Kürze und Prägnanz von Aussagen hervorheben, indem Sie z. B. überflüssige Vorsilben, Adjektive und Adverbien streichen,
- durch die Wortwahl, hier Adjektive, Gefühle bei den Leserinnen und Lesern hervorrufen,
- einen Textentwurf überarbeiten, ansprechender gestalten und erweitern,
- einen treffenden Titel finden.

4.1 Sprachliche Mittel – Definition und Funktion

Eine Collage aus Stilmitteln in der Werbung

Arbeitsanregung

1. Erläutern Sie, welche sprachlichen Mittel in den Werbeslogans verwendet werden. Die Aufstellung der ▶ rhetorischen Figuren (Seite 60 ff.) kann Ihnen dabei helfen.

> Die Sprache des Essays macht den Essay zum Kunstwerk. Sie schaltet souverän mit Begriff und Metapher; sie ist abstrakt und sinnlich, spirituell und emotional, poetisch und sachlich – dabei immer durchleuchtet von Intelligenz.
>
> (aus: Walter Hilsbecher, Essay über den Essay. In: Wie modern ist eine Literatur?, 1965)

Arbeitsanregungen

1. Fassen Sie Hilsbechers Überlegungen zur Sprache des Essays zusammen.
    a) Benennen Sie mit Oberbegriffen die Ebenen, auf denen die sprachliche Arbeit demnach stattfindet.
    b) Erläutern Sie in Stichworten, mit welchen sprachlichen Mitteln Hilsbechers „Ziel" erreicht werden kann.
2. a) Erstellen Sie eine Liste der zehn häufigsten sprachlichen Gestaltungsmittel *(Top Ten der sprachlichen Mittel)*. Benutzen Sie dazu die aufgeführten Beispiele für ▶ rhetorische Figuren (Seite 60 ff.) oder Ihr Deutschbuch.
    b) Verfassen Sie zum Thema „Lügen" eigene Beispiele für sprachliche Gestaltungsmittel. Sie dürfen auch Beispiele aus den Texten herausschreiben, die Sie in Teil C finden (Seite 86 ff.).

Information — Rhetorische Figuren

Die nachfolgend aufgeführten rhetorischen Figuren werden in Texten aller Gattungen verwendet. Besonders bedeutend ist ihr Gebrauch z. B. in der öffentlichen Rede (in der Politik, bei Gericht) oder in der Werbung. Hier wie dort werden diese Mittel eingesetzt, um eine bestimmte **Wirkung** zu erzielen.

Ein Großteil der Stilmittel ist seit der Antike definiert, was sich noch heute an den zumeist griechischen Fachbegriffen ablesen lässt. Wichtiger als die bloße Kenntnis dieser „Vokabeln" ist es, ein Gespür für den Umgang mit sprachlichen Mitteln zu entwickeln. Bei einem Vers wie „Im flachen Bette / Schleicht er das Wiesental hin" liegt z. B. eine ungewöhnliche Stellung der Satzglieder vor. Diese Besonderheit kann man umschreiben oder mit dem Fachbegriff „Inversion" benennen. Letzteres ist häufig unkomplizierter und kürzer, es zeugt zudem von einem Verständnis dafür, dass von einer derartigen rhetorischen Figur auch immer eine vom Kontext abhängige Wirkung ausgeht. Diese **Funktion** zu erkennen und zu benennen ist ein zentrales Ziel der **sprachlichen Analyse**. Wenn Sie einen **Essay schreiben**, gehen Sie allerdings einen Schritt weiter und müssen sprachliche Mittel und ihre Wirkung selbst **erzeugen**.

Rhetorische Figur	Beispiel	Definition
Akkumulation, die	„Lieben, hassen, fürchten, zittern, Hoffen, zagen bis ins Mark" (J. M. R. Lenz)	Reihung von Begriffen zu einem – genannten oder nicht genannten – Oberbegriff
Allegorie, die	„Gott Amor" für „Liebe" der „Staat" als „Schiff"	konkrete Darstellung abstrakter Begriffe, oft durch Personifikation
Alliteration, die	„Milch macht müde Männer munter."	Wiederholung des Anfangslauts benachbarter Wörter
Anapher, die	„Lass, höchster Gott, [...] / Lass mich nicht [...]" (Gryphius)	Wiederholung eines oder mehrerer Wörter an Satz- oder Versanfängen
Antithese, die	„Lass, wenn der müde Leib entschläft, die Seele wachen." (Gryphius)	Entgegenstellung von Gedanken oder Begriffen
Apostrophe, die	„Liebe! Liebe! lass mich los!" (Goethe)	feierliche oder betonte Anrede, Anruf
Chiasmus, der	„Ich schlafe am Tag, in der Nacht wache ich."	symmetrische Überkreuzstellung von semantisch oder syntaktisch einander entsprechenden Satzgliedern
Correctio, die	„daß ich dich nicht liebe / wirklich / daß ich dich einfach nicht liebe" (Kiwus) R	Korrektur eines zu schwachen Ausdrucks
Ellipse, die	„Wo bin ich denn, daß" (Kirsch) R	unvollständiger Satz; Auslassung eines Satzteils/Wortes, der/das leicht ergänzbar ist
Epipher, die	„Du hast mich angeschaut jetzt [...] / Du hast mich angefasst jetzt" (Hahn)	Wiederholung gleicher Wörter am Satz- oder Versende
Euphemismus, der	„entschlafen" statt „sterben"	Beschönigung

Rhetorische Figur	Beispiel	Definition
Hyperbel, die	„ein Meer von Tränen"	starke Übertreibung
Inversion, die	„Kein Schlaf noch kühlt das Auge mir." (Mörike)	Umkehrung der geläufigen Wortstellung im Satz
Ironie, die	„Du bist mir ein schöner Freund!"	unwahre Behauptung, die erkennen lässt, dass das Gegenteil gemeint ist
Klimax, die	„Veni, vidi, vici." (Ich kam, sah und siegte; Julius Cäsar)	Steigerung (häufig dreigliedrig)
Litotes, die	„nicht unschön"	Bejahung durch Verneinung des Gegenteils
Metapher, die	„Rosengesichter" (Heine)	Bedeutungsübertragung; sprachliche Verknüpfung zweier semantischer Bereiche, die gewöhnlich unverbunden sind; ohne Vergleichswort (z. B. „wie")
Metonymie, die	„Er hat den ganzen Goethe gelesen."	Ersetzung eines gebräuchlichen Wortes durch ein anderes, das zu ihm in unmittelbarer Beziehung steht: z. B. Autor für Werk, Ort für Person
Neologismus, der	„Knabenmorgen-/Blütenträume" (Goethe)	Wortneuschöpfung
Onomatopoesie, die	„So jubelnd recht in die hellen,/ Klingenden, singenden Wellen" (Eichendorff)	Lautmalerei
Oxymoron, das	„Und strömt und ruht." (Meyer)	Verbindung zweier Vorstellungen, die einander ausschließen
Paradoxon, das	„Bleiben will ich, wo ich nie gewesen bin" (Brasch)	Scheinwiderspruch
Parallelismus, der	„Dies ist meine Mütze,/ dies ist mein Mantel" (Eich)	Wiederholung gleicher syntaktischer Fügungen
Paronomasie, die	„Lieber arm dran als Arm ab."	Wortspiel durch Verbindung klangähnlicher Wörter
Periphrase, die	„Der den Tod auf Hiroshima warf" (Kaschnitz)	Umschreibung
Personifikation, die	„Schläft ein Lied in allen Dingen" (Eichendorff)	Vermenschlichung
Pleonasmus, der	„der nasse Regen"	Wiederholung eines charakteristischen Merkmals des Bezugswortes
rhetorische Frage, die	„Wer ist schon perfekt?"	scheinbare Frage, bei der jeder die Antwort kennt

Rhetorische Figur	Beispiel	Definition
Symbol, das	„Taube" als Symbol für Frieden; „Ring" als Symbol der Treue und der Ewigkeit	Sinnbild, das auf etwas Allgemeines verweist; meist ein konkreter Gegenstand, in dem ein allgemeiner Sinnzusammenhang sichtbar wird
Synästhesie, die	„in den hellen tönenden frischgespannten Himmel" (Kiwus) R	Verbindung unterschiedlicher Sinneseindrücke
Synekdoche, die	„Und wickelte mich enger in die Falten." (Goethe)	ein Teil steht für das Ganze oder umgekehrt
Tautologie, die	„Der Mond scheint klar und rein" (Brentano) „in Reih und Glied"	Wiederholung eines Begriffs bzw. Ersetzung durch ein sinnverwandtes Wort („Zwillingsformeln")
Vergleich, der	„Zwei Seelen wie Spione sich/ Umschleichen" (Droste-Hülshoff)	Verknüpfung zweier semantischer Bereiche durch ein Vergleichswort („wie", „gleich", veraltet: „als") zur Hervorhebung des Gemeinsamen (tertium comparationis)
Zeugma, das	„Er saß ganze Nächte und Sessel durch." (Jean Paul)	ungewohnte Beziehung eines Satzteils auf mehrere andere; meist des Prädikats auf ungleichartige Objekte

4.2 Texte kürzen – Sag es treffend

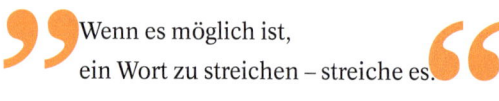

„Wenn es möglich ist, ein Wort zu streichen – streiche es."

(George Orwell)

Diese Anleitung zu Kürze und Prägnanz bezieht sich auf den Wortbau, die Wortwahl und den Satzbau.

Überflüssige Vorsilben, Adjektive und Adverbien

Sprachlicher Ballast versteckt sich im Detail. Wenn Vorsilben keine zusätzliche Bedeutung tragen, nehmen sie einem Text seine Wirkung.

> Selbst kleine Kinder lügen bereits ihre Eltern an. Manche Eltern scheinen das vorauszuahnen und wollen Ehrenworte einfordern. Schuld abstreiten kann bereits ein Dreijähriger. Ganze zwei Mal am Tag verdreht jeder Mensch die Wahrheit, Frauen, Männer und Kinder mit einbezogen.

Arbeitsanregung

1. Kopieren Sie den Textauszug auf Seite 62 unten und streichen Sie darin die überflüssigen Vorsilben.

Unfallopfer erliegen ihren *schweren Verletzungen*, die *weltweite Globalisierung* greift um sich. Aber auch Abiturienten *bestehen erfolgreich* ihre Prüfungen.
Wenn Sie hier die Gegenprobe anwenden und „leicht", „lokal" und „erfolglos" einsetzen, erkennen Sie, dass es sich nicht nur um überflüssige, sondern sogar um sinnlose Formulierungen handelt.

> Forschende Wissenschaftler haben in experimentellen Untersuchungen getestet, wie gut Drei- bis Sechsjährige sich mit gestellten Aufgaben auseinandersetzen. Dazu bauten sie im abgewandten Rücken des jeweiligen Kindes ein Spiel auf. Dann verließen die Forscher das Zimmer. Natürlich drehten sich fast alle beobachteten Versuchspersonen um, als sie allein waren.

Arbeitsanregung

1. Kopieren Sie den Textauszug und streichen Sie darin alle sinnlosen und überflüssigen Adjektive und Adverbien.

Adjektive, Wortverbindungen und Wirkungen

Genau wie der französische Schriftsteller Raymond Queneau in seinem Buch „Stilübungen" können Sie eine Situation auf verschiedene Art und Weise wiedergeben: „emotionell, poetisch[e] und sachlich" – oder verkürzt, wie im Fall des folgenden Werbetextes.

Werbung der Victoria Versicherung	*Wilhelm Schmid* **Am Anfang ist die Angst** (2004)
9 Jahre männlich spätsommer große versuchung in 5 m höhe ast gebrochen arm gebrochen victoria versichert	Reines Vereinigen hoch oben auf dem Riesenrad. Gemeinsam mit anderen in einer Gondel, schwebend über aller Welt, ein wenig schaukelnd im Wind. Das Rad steht still, unten steigen Leute ein und aus. Da packt mich plötzlich, ohne Vorwarnung, ohne jeden Grund, die nackte Angst. Binnen eines Moments schlägt die übermütige Freude um in die entsetzliche Erkenntnis, dass ich mich hinunterstürzen werde, dass ich zerschmettert da unten liegen werde, dass nichts mich davon abhalten wird.

Arbeitsanregungen

1. Kürzen Sie den Ausschnitt aus dem Essay zum Thema „Angst" nach dem Muster des Werbetextes. Setzen Sie an die Stelle des Produkts bzw. der Firma die Bezeichnung für das Gefühl, das hier umschrieben wird.
2. Vergleichen Sie die Wirkung Ihrer Ergebnisse mit der Wirkung des Originals.

4.3 Texte erweitern – Texte mit Empfindungen versehen

> **Information** — Zielgruppengerechtes Schreiben – Vier Textfunktionen
>
> Ausgehend von Textanalysen – vorwiegend aus Unternehmen verschiedenster Branchen – und im Anschluss an Ergebnisse der Kommunikationstheorie definiert Hans-Peter Förster in seinem Buch „Texten wie ein Profi" die vier Grundfunktionen der Sprache. Nach seinen Ausführungen werden diese Funktionen vorrangig über die Wortwahl erfüllt. Es handelt sich dabei um die
>
> - **Informationsfunktion:** Die Wortwahl vermittelt Zahlen, Daten und Fakten.
>   Beispiel: Danke für die Antwort. Die *Zahlen* und *Fakten* sind für die Entscheidung wichtig. Ihre *konkrete* Strategie überzeugt.
>
> - **Garantiefunktion:** Die Wortwahl soll durch Hinweise auf Tradition und Ordnung Qualität bezeugen.
>   Beispiel: Mit Ihrer *sachlichen* Nachricht habe ich mich auseinandergesetzt. Der Inhalt ist übersichtlich *strukturiert* und von hoher *Qualität*. Ihr Hinweis ist für die weitere *Planung* sehr wichtig. Besten Dank.
>
> - **Erlebnisfunktion:** Die Wortwahl hebt Visionen, Ideen und Begeisterung hervor.
>   Beispiel: Welch eine *Freude*, Ihre Post liegt schon auf meinem Schreibtisch! Das hilft mir *enorm*. Ihre Ansicht – *ganz offen* gesagt – hat *völlig neue Impulse* geweckt. Ihre *einfallsreichen* Ideen stehen bei uns im Mittelpunkt. Danke!
>
> - **Kontaktfunktion:** Die Wortwahl betont Sympathie, Gefühle und Herz.
>   Beispiel: Über Ihre *nette* Antwort habe ich mich gefreut. Sie stimmt mich sehr *zufrieden*. Ihre *beherzte* Anregung wird unsere Eindrücke nachhaltig beeinflussen. Gerne greife ich Ihren *gut gemeinten* Vorschlag auf. Diese *Hilfestellung* ist für das weitere Vorgehen sehr *entgegenkommend*. *Herzlichen* Dank!
>
> Selten sind die vier Textfunktionen jedoch so isoliert anzutreffen wie in den Beispielen. Für die Arbeit an eigenen Texten gibt Förster in einem Anhang Hilfestellung für die Wortwahl.

Ein Entwurf für die Homepage der Schülerzeitung

Eine Lehrkraft kann zwei Schülerinnen der Kursstufe nachweisen, dass sie für ihre Arbeit weitgehend aus dem Online-Lexikon Wikipedia abgeschrieben haben. Da sie weder eine Quelle angegeben noch die übernommenen Teile sinnvoll weiterverarbeitet haben, erhalten beide eine entsprechend schlechte Bewertung ihrer Arbeit. Die Redakteurinnen und Redakteure der Schülerzeitung greifen dieses Thema auf und eröffnen auf der Homepage der Zeitung ein Forum für Diskussionsbeiträge. Der folgende Text ist ein Entwurf für eine kurze Anmoderation dieses Diskussionsforums.

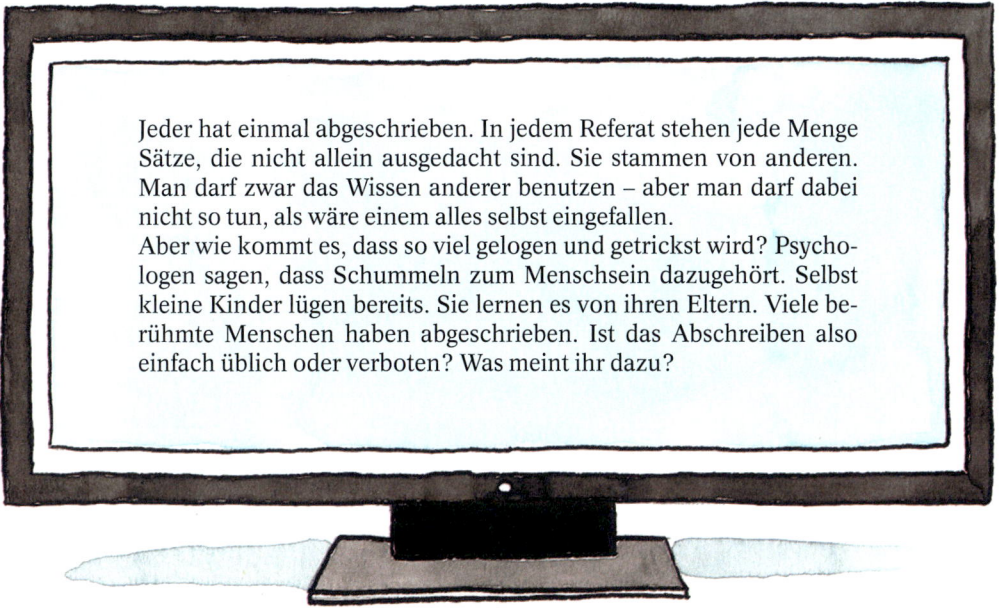

Jeder hat einmal abgeschrieben. In jedem Referat stehen jede Menge Sätze, die nicht allein ausgedacht sind. Sie stammen von anderen. Man darf zwar das Wissen anderer benutzen – aber man darf dabei nicht so tun, als wäre einem alles selbst eingefallen.
Aber wie kommt es, dass so viel gelogen und getrickst wird? Psychologen sagen, dass Schummeln zum Menschsein dazugehört. Selbst kleine Kinder lügen bereits. Sie lernen es von ihren Eltern. Viele berühmte Menschen haben abgeschrieben. Ist das Abschreiben also einfach üblich oder verboten? Was meint ihr dazu?

Arbeitsanregungen

1. Überarbeiten Sie den vorliegenden Entwurf für die Homepage Ihrer Schülerzeitung.
    a) Gestalten Sie den Text ansprechender. Berücksichtigen Sie dabei, dass die Adressaten jugendliche Schülerinnen und Schüler sind. Beachten Sie die Ausführungen zur ▶ Erlebnisfunktion (Seite 64), um gerade diese jüngeren Schülerinnen und Schüler für Ihren Text zu interessieren.
    b) Wählen Sie zunächst diejenigen Adjektive aus der unten stehenden Liste, die sich Ihrer Meinung nach für das Thema, die Thesen, die Adressaten und die Publikationsform des Textes eignen.
    c) Bedenken Sie, dass Ihr Text für die Außenwirkung der Schule wichtig ist, also auch von Eltern und Sponsoren gelesen wird, und vermeiden Sie deshalb umgangssprachliche Wendungen.
    d) Integrieren Sie in Ihren Text wesentliche Informationen des Ausgangstextes und fügen Sie ggf. illustrierende Beispiele hinzu.
    e) Geben Sie Ihrem Text einen treffenden Titel, der ebenfalls die ▶ Erlebnisfunktion aufnimmt.

Hans-Peter Förster
Kompass für den erlebnisreichen Stil

Diese Liste von Adjektiven hilft Ihnen, geeignete Wörter für einen erlebnisreichen Stil zu finden.

A			C
abenteuerlich	aufgeschlossen	begeisternd	chaotisch
abgelöst	aufmunternd	begeistert	cool
absolut	augenblicklich	beispiellos	
abwechslungsreich	ausgefallen	belebt	**D**
abweichend	aussichtsreich	berühmt	dekoriert
aktiv		bestechend	dynamisch
aktuell	**B**	beweglich	
auffallend	beeindruckend	brandneu	
	befreit	brisant	

E
echt
effektvoll
eindrucksvoll
einfach
einfallsreich
erfreulich
erfrischend
erneuert

F
fabelhaft
facettenreich
fantasievoll
fantastisch
farbenfroh
faszinierend
flexibel
fortschrittlich
frei
freigiebig
freiwillig
frisch
fröhlich
funkelnagelneu

G
gefeiert
gelassen
gelöst
gelungen
gespannt
glänzend
großartig

H
happy
herausfordernd
herrlich
humorvoll

I
idealistisch
ideenreich
imposant
individuell
intuitiv

J
jubelnd
jung

K
kindlich
knallig
kreativ
kunterbunt

L
lässig
lebendig
lebhaft
leuchtend
locker
lustig

M
modern
modisch
mordsmäßig
mühelos

N
narrensicher
neuartig
neugierig

O
offen
optimistisch
originell
out

P
permanent
pfiffig
phänomenal
plötzlich
poppig
prominent

Q
quirlig

R
rasant
revolutionär
riesig
risikofreudig

S
sagenhaft
sauwohl
schludrig
schreiend
sehenswert
sensationell
sichtbar
sonnenklar
sorgenfrei
spaßig
spektakulär
sportlich
stinknormal
strahlend
super

T
taff
tolerant
toll
topfit
trickreich
turbulent

U
überraschend
umwerfend
unabhängig
unbeschwert
unerschrocken
ungezählt
ungezwungen
unglaublich
universell
unkonventionell
unruhig

V
verblüffend
vergnügt
verrückt
vielseitig
visuell

W
wandlungsfähig
witzig

Z
ziellos
zwanglos

5 Analyse eines Beispielessays

In diesem Kapitel erwerben Sie folgende Kenntnisse und Kompetenzen:
- den gesamten Lernstoff durch die Analyse eines Beispielessays wiederholen und festigen,
- den Beispielessay und die dazugehörigen Dossiermaterialien für einen eigenen Essay zum selben Themenfeld nutzen.

Anmerkungen zur richtigen Auffassung des Berufs aus medizinischer Sicht (2011)

Der Beruf, meint Nietzsche, sei das Rückgrat des Lebens – eine zutreffende Metapher, wie sich zeigen wird, weil sich daran ein paar Überlegungen anschließen lassen, die erhellen, was es mit dem Beruf und dem richtigen Verhältnis dazu auf sich hat – oder auf sich haben kann.

Das Rückgrat ist, wie wir wissen, derjenige Teil des menschlichen Skeletts, der dem Körper Halt und Straffheit verleiht, der uns schließlich dazu befähigt, aufrecht und noch dazu auf zwei Beinen zu gehen. Und dieser aufrechte Gang scheint sogar ein Alleinstellungsmerkmal des Menschen im Reich der Lebewesen zu sein. Folglich könnte es sich, denkt man Nietzsches Metapher zu Ende, auch beim Beruf und dessen Ausübung um ein solches Alleinstellungsmerkmal handeln.

Zwar arbeiten Ameisen emsig an Bergen aus Tannennadeln, sammeln Bienen fleißig Pollen, bauen Biber wie besessen Stauwehre, höhlen wieder andere eifrig die Erde aus, doch all diese Betriebsamkeit scheint Instinkt, also angeboren zu sein, und kein Philosoph, kein Biologe, der die Grenzlinie zwischen Tier und Mensch zu ziehen hätte, verfiele auf den Gedanken, angesichts des unermüdlichen Bewegungsdrangs der oben genannten Tierchen und Tiere von der Ausübung eines Berufs zu sprechen. Wir halten also fest: Nicht nur durch den Gebrauch seiner Verstandeskräfte und seine Sprache, auch nicht ausschließlich durch seine gesellige Lebensweise, wie Aristoteles behauptet, sondern darüber hinaus durch den Beruf, den er ergreift und ausübt, wird der Mensch zum Menschen!

Nun hat allerdings die Metapher vom Beruf als dem Rückgrat des Lebens einen verborgenen, von Nietzsche gar nicht mitgedachten Nebensinn, denn beim aufrechten Gang handelt es sich – evolutionsgeschichtlich betrachtet – um eine erst ‚kürzlich' erworbene Errungenschaft der Spezies Mensch. Doch alles, was in diesem gärenden, seit Jahrmillionen andauernden Prozess der Entstehung der Arten jung ist, ist auch fehlerbehaftet. So nimmt es nicht wunder, dass die Wirbelsäule häufig erkrankt und Verschleißerscheinungen aufweist. Die Rückenleiden zeigen dabei die unterschiedlichsten Krankheitsbilder, äußern sich in Form stechender, einen Hexenschuss begleitender Schmerzen, die Bewegungsfreiheit einengender Verspannungen, als Bandscheibenvorfälle, die selbst einfachste Verrichtungen zu Höllenqualen werden lassen, oder als Morbus Bechterew, der seine Opfer so sehr niederdrückt, dass sie nicht einmal mehr ihren Kopf, geschweige denn ihren Blick zu heben vermögen. Jedenfalls bescheren die Krankheitstage infolge dieser Leiden der deutschen Volkswirtschaft Milliardenverluste, Jahr für Jahr.

Nehmen wir nun diese Beschwerden als Metaphern für das, was uns das Rückgrat des Lebens, sprich der Beruf, zufügen kann, drängt sich die Frage auf: Was machen wir falsch, dass unser Beruf Schmerzen bereiten, uns einengen und niederdrücken kann? Dass wir so sehr daran leiden wie an einem seinen Dienst verweigernden Rückgrat?

Eine offensichtlich bedeutende Rolle bei der Entstehung dieser Krankheiten spielt die Berufswahl; sie kann gelingen, aber auch misslingen. Die Gründe dafür sind vielfältig. Seit 1273 regierten mit mehr oder weniger kurzen Unterbrechungen die Habsburger im Heiligen Römischen Reich Deutscher Nation, und selbst als dieses 1806 unterging, setzten sie zumindest in Österreich ihre Herrschaft bis 1918 fort. Die Königs- und Kaiserwürde ‚vererbte' sich vom Vater auf den Sohn und von dort auf dessen Sohn usw. usf., es gab Albrechte, Ferdinande, Franze – sie lassen sich mit einer ihre Individualität nahezu auslöschenden Genauigkeit durchnummerieren –, und stand einmal kein Sohn zur Verfügung, durfte ein Neffe oder eine Maria Theresia einspringen. Die Designation ersetzte die freie Berufswahl, kein Zweiter hätte sich erfrecht, den ihm vom Ersten angetragenen Königsberuf auszuschlagen, und die Dritten und Vierten verhielten sich nicht anders gegenüber ihren Vorgängern – ob immer zu ihrem Vorteil (oder dem der von ihnen Regierten), sei dahingestellt. Nun mag man einwenden, die Königswürde sei kein Beruf wie der des Schlachters oder Waffenschmieds und tauge daher als Vergleich nur wenig, die Möglichkeit einer Wahl habe es im Mittelalter nicht gegeben, sei vielmehr ein von der Neuzeit eingefordertes, damals jedoch unbekanntes Recht, und zwar das Recht des Individuums auf Selbstverwirklichung. Wohl wahr! Gleichwohl rettete sich diese mittelalterliche Denkweise in manchen wohlhabenden, bürgerlichen Kreisen, die ihr Leben als aristokratische Blaupause gestalteten, über die Klippe der Aufklärung hinweg. Zwar bezeichnete Kant sie, die Aufklärung, als „Ausgang des Menschen aus seiner selbst verschuldeten Unmündigkeit" und forderte, man möge sich gefälligst seines Verstandes bedienen, doch in den Kaufmanns-, Bankiers- und Unternehmerdynastien des 19. Jahrhunderts achteten die Gründerväter sehr wohl darauf, dass ihre Söhne nicht die kantische Selbstverpflichtung zu autonomem Denken und Handeln für sich in Anspruch nahmen, sondern in ihre, der Väter, Fußstapfen traten. Familienräson, Besitzstandswahrung, das mühsam Erworbene und Aufgebaute wenn nicht zu vergrößern, so doch zusammenzuhalten, verbot den Nachgeborenen jeden Gedanken an berufliche Selbstverwirklichung.

Keiner hat dieses unaufhaltsam zu seinem Ende hin abrollende Räderwerk der Entmündigung (und Selbstentmündigung!) so grausamgenau beschrieben wie Thomas Mann in den „Buddenbrooks":

Dem Familienoberhaupt Johann folgt dessen Sohn Jean, der die Getreidehandlung seinem Sohn Thomas vererbt, und dieser gehorcht, obwohl immer mehr daran zweifelnd, immer mehr davon zermürbt, dennoch seiner Pflicht, sprich, er übt den ungeliebten, ihm aufgebür-

deten Beruf aus, erkennt aber in einem hellsichtigen Moment, dass sein Sohn Hanno nicht mehr in der Lage sein wird, das Buddenbrook'sche Kontor weiterzuführen. „In meinem Sohne habe ich fortzuleben gehofft? In einer noch ängstlicheren, schwächeren, schwankenderen Persönlichkeit? Kindische, irregeführte Torheit! Was soll mir ein Sohn? Ich brauche keinen Sohn...", denkt er eines Nachts und kündigt sodann einen familiären Generationenvertrag, ein ungeschriebenes Gesetz, indem er Hanno, den letzten Spross der lübeckischen Kaufmannsdynastie, nicht mehr zu seinem Erben bestimmt, ihn dadurch entpflichtet und in die Freiheit entlässt (was diesem freilich – tragische Ironie! – wenig nutzt, weil er bald darauf stirbt).

Freilich mit den Buddenbrooks, also vor mehr als 100 Jahren, endete die lange (und nicht immer sanfte) Tyrannei der Zünfte, Gilden und Berufsgenossenschaften keineswegs, denn kein Apotheker, der seine Offizin, kein Arzt, der seine Praxis, kein Anwalt, der seine Kanzlei, kein Schreiner, der seine Werkstatt, schließlich kein Bauer, der seinen Hof nicht gern vom eigenen Sohn oder der eigenen Tochter fortgeführt sähe, gerade so, als ob der Apotheker, der Arzt und alle anderen in ihren Kindern nicht nur genetisch weiterleben wollten, sondern auch in deren Beruf, dessen unveräußerlicher Körper die Apotheke, die Praxis usw. ist. Vielleicht geht ja vom Gehäuse selbst diese sanfte Tyrannei aus und erzwingt von seinem Besitzer einen Tribut, nämlich den Verzicht der Nachkommen auf das Recht, denjenigen Beruf zu ergreifen, zu dem sie sich geneigt fühlen?

In unserer Gegenwart freilich übt eine andere Macht einen subtileren, verführerischen Zwang aus: die Macht des Geldes, d. h. die Aussicht auf hohen Verdienst und – damit verbunden und allen Hetzkampagnen gegen die so genannten Heuschrecken zum Trotz – auf hohes Ansehen in der Gesellschaft. Das Recht auf freie Entfaltung seiner Persönlichkeit, auf das er bei seinen beruflichen Selbstfindungstrips und -praktika soeben noch gepocht hat, gilt dem jungen Menschen plötzlich nichts mehr, sobald ein so genannter „toller Job" eine verheißungsvolle Zukunft verspricht. Mit einem Mal winken Zuwendungen aller Art, ein Neid erweckendes Salär, Prämien, Ausschüttungen, Gewinnbeteiligungen, Dienstwagen, kostenlose Flugmeilen erdumspannenden Ausmaßes, und der Beruf, der ihn einmal erfüllen sollte, wird von da an zum hohlen Gefäß, in das unablässig Geld (statt Zufriedenheit) strömt. Wer unter den schlechter Weggekommenen das böse Ende einer solchen Erfolgsgeschichte erwartet (insgeheim gar erhofft, dass dieser Verräter seiner selbst seine Berufsentscheidung bereue, ehe er zerknirscht ins Kloster geht), sieht sich freilich getäuscht. Das Rückgrat des Menschen leidet, dies ja, doch Geld ist, wenn auch keine Arznei gegen Beschwerden dieser Art, so doch die allerbeste Linderungsmedizin. Und so kommt es, dass sich der Banker, der Manager, der Börsenspekulant mit seiner Arbeit arrangiert und seinen Beruf, in dem er diese Arbeit ausübt, geradezu vergötzt, ihn zumindest rationalisiert – und keineswegs Abbitte tut.

Also einen solchen Beruf ergreifen? Einen Brotberuf? Einen, der die Taschen und die Bankkonten füllt? Viele träumen davon, wohl wissend, dass er sie einmal niederdrücken wird, nur: Der Markt stellt nicht genügend verlockende Arbeitsplätze dieser Art zur Verfügung. Scheinbar schließen sich berufliche Zufriedenheit und gesellschaftliches Ansehen oft genug aus. Und selbst wenn Krankenschwestern, Altenpfleger und die vielen in sozialen Einrichtungen Tätigen im Ansehen der Öffentlichkeit weit vor Politikern oder – o Graus! – den Scheusalen aus den Chefetagen rangieren, was nutzt dies dem Berufssuchenden, wenn ihm finanzielle Anerkennung absehbar versagt bleiben wird?

Doch kehren wir zur Nietzsche-Metapher vom Rückgrat des Lebens zurück, das uns, bleibt es gesund, aufrecht und beweglich hält – so wie wir in unserem Beruf Freude und Erfüllung finden können, solange dieser unseren Neigungen entspricht. Ist dies nicht oder immer weniger der Fall, kommt es zu Spannungen. Pflicht, d. h. das Ungeliebte tun zu müssen, und Neigung treten in ein schmerzhaftes Verhältnis zueinander, das der davon heimgesuchte Mensch zu übertäuben versucht, und zwar mit Opinoiden aller Art: mit Anschaffungen, Alkohol, ausschweifenden Freizeitbeschäftigungen, die er Hobbys nennt (oder Ehrenämter), mit Fluchtbewegungen in die entlegensten Winkel unseres Planeten, versehen mit dem Etikett „Südseeurlaub", „Kreuzfahrt", „Bildungsreise", „Survival-Training" oder dergleichen mehr. Doch Opinoide wirken nicht dort, wo der Schmerz entsteht, in

unserem Fall an den Nervensträngen der Wirbelsäule, sondern im Gehirn, genauer: in dessen Schmerzzentrum, das sie ausschalten, während sie uns eine Welt der schönen Bilder vorgaukeln. So kommt derjenige, der in seinem Beruf nicht mehr findet, was er sich einmal erhofft hatte, durch das, was er „zum Ausgleich" tut (so, als ob eine Waagschale wegen Mehrbelastung der anderen in die Höhe geschnellt sei), nur noch für wenige Stunden in der Woche oder wenige Wochen im Jahr ins Gleichgewicht. Kann das eine Antwort auf unsere Frage sein, wie Beruf und Bestimmung in Einklang zu bringen seien? Wohl kaum!

Mir scheint, schuld an diesem enttäuschenden Ergebnis unserer Überlegungen, an diesem verdrießlichen Entweder-oder ist die verhängnisvolle Wirbelsäulenmetaphorik, mit der uns Nietzsche in eine ausweglose Situation geführt hat, sodass es uns ergangen ist wie Kafkas Maus, die nur noch in die Falle laufen kann oder von der sie verfolgenden Katze gefressen wird.

Man versuche es daher einmal mit folgender Metapher: Der Beruf ist der Blinddarm des Lebens. Zugegeben ein etwas peinlicher, ja unschicklicher Vergleich. Aber vom Blinddarm wissen wir, dass er keine lebensnotwendige Funktion erfüllt, er kann, macht er Kummer, entfernt werden, und zwar ohne dass der daran Operierte Schaden nimmt oder einen Verlust an Lebensqualität zu beklagen hätte. Der Blinddarm ist mithin eine Nebensache, und wer so über seinen Beruf denkt, spricht ihm fortan nicht mehr die Bedeutung zu, die er hierzulande (und zwar nicht erst seit Nietzsche!) hat. Er wird sich nicht mehr in ihm aufreiben und ihn vergötzen, er wird ihn wechseln, wenn er von ihm niedergedrückt wird wie vom Morbus Bechterew, ohne sich über diesen von berufsmäßigen Tugendwächtern geschmähten „Bruch in der Biografie" zu bekümmern, kurz: Er wird ihn nicht mehr mit einem Ethos aufladen, das den Beruf zu einer säkularisierten Form der Religion gemacht hat, vielmehr wird er die Geselligkeit im Kreis der Familie und Freunde in den Mittelpunkt seiner Lebensplanung rücken, während diejenigen, die im Beruf „Rückgrat beweisen", „ihren Mann stehen" oder „das Genick einziehen", häufig genug ihre sozialen Kontakte dafür opfern (bzw. opfern müssen). Womit bewiesen wäre, dass die aristotelische Bestimmung des menschlichen Wesens und unsere eingangs vorgenommene sich nicht vereinbaren lassen, m. a. W., dass der Beruf als vermutetes Alleinstellungsmerkmal des Menschen im Reich der Lebewesen tatsächlich zu einem solchen werden kann.

Arbeitsanregungen

Zur Stoffsammlung
1. Von welchen Dossiermaterialien (vgl. Teil C, Seite 72 ff.) hat sich der Verfasser des Essays inspirieren lassen, von welchen nicht?
2. Beschreiben Sie mit eigenen Worten, welche „Denkrichtung" der Verfasser eingeschlagen hat.
3. Welche weiteren Hintergrundinformationen, die sich nicht in den Dossiermaterialien finden, hat der Verfasser in seinen Essay einfließen lassen?

Zur thematischen Entfaltung
4. Finden Sie in dem Essay Beispiele für subjektiv-assoziatives Schreiben bzw. objektiv-systematisches Schreiben (▶ Merkmale essayistischen Schreibens, Seite 7) und stellen sie diese in einer Tabelle gegenüber. Geben Sie die Zeilen an.

Subjektiv-assoziatives Schreiben	Objektiv-systematisches Schreiben
„Keiner hat dieses unaufhaltsam zu seinem Ende hin abrollende Räderwerk der Entmündigung..." (Z. 127 ff.)	„Die Gründe dafür sind vielfältig. Seit 1273 regierten mit mehr oder weniger kurzen Unterbrechungen..." (Z. 77 ff.)
...	...

5. Legen Sie dar, wie der Verfasser seinen Essay einleitet, wie er ihn fortführt und wie er ihn abschließt. Verwenden Sie dafür das Themenkreuz.

Methode   Das Themenkreuz

Mit dieser Methode können Sie sowohl einen Essay analysieren als auch Ihren eigenen Essay planen.

- Wenn Sie die thematische Entfaltung eines Essays analysieren wollen, müssen Sie markieren, wie sich der Autor auf das Thema zubewegt bzw. wie er sich von ihm entfernt. Bitte beachten Sie: eine **Platzierung auf der x-Achse ist nicht erlaubt!**
- Wenn Sie das Themenkreuz als Schreibskizze verwenden wollen, an der Sie sich bei der Abfassung Ihres eigenen Essays orientieren, können Sie die einzelnen Abschnitte mit einigen Stichworten versehen und diesen Punkten während der Niederschrift folgen.

Für die Analyse eines Essays wie auch für das Verfassen eines eigenen Essays gilt: Der „rote Faden" darf nicht verloren gehen.

Große Nähe zum Thema (hier Beruf)/objektiv-systematisches Schreiben

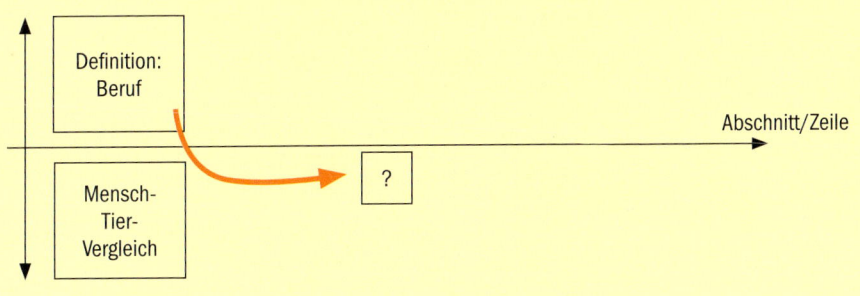

Abschweifung vom Thema/subjektiv-assoziatives Schreiben

Zur sprachlichen Gestaltung
6. Analysieren Sie den Titel des Essays und setzen Sie ihn in Bezug zur „Denkrichtung", die der Verfasser mit seinem Essay verfolgt.
7. Schreiben Sie Beispiele für
   - Ellipsen,
   - Parallelismen,
   - rhetorische Fragen und
   - Neologismen,
   - Interjektionen,
   - weitere rhetorische Figuren

   mit Zeilenangaben heraus.

C Dossiermaterialien und Texte zu verschiedenen Themen

1 Dossiermaterial zum Thema „Beruf"

Das folgende Dossiermaterial hat teilweise Eingang gefunden in den Beispielessay (Seite 67 ff.). Sie können es aber auch nutzen, um selbst einen Essay (einen Gegenessay?) zum Thema „Beruf" zu schreiben.

Günter Kunert
Der Lastwagenfahrer (1968)

Eine Umgebung, als da sind Häuser Bäume Zäune Leute, bewegt sich, wenn sie sich bewegt, stets hinter einer Glasscheibe. Vor dem kulissenhaften Panorama dreht sich, wenn es gedreht wird, das fettig-glänzende schwarze Steuerrad mit dem gesprungenen Hupenknopf im Zentrum. Daneben wächst aus dem blechhaubenbedeckten Vibrationskern ein Stock mit Knauf, heißt Schalthebel und ist abgegriffen wie ein antiker Gebrauchsgegenstand von den ungezählten Malen der Berührung. Aus dem gummibedeckten Boden wachsen drei Pilze: Kupplung Bremse Gas, und mit welcher Kraft sie auch getreten werden, stets heben sie wieder ihre Köpfe, anders als Menschen eben und schwerer fertigzumachen als diese. Eines der Pedale jedoch scheint geburtsfehlerbehaftet: die Bremse.

Die Bremse muss nachgestellt werden. Hin und wieder. Ob deswegen, das sei betont, ausgesprochene Schuld am Fahrer klebt wie sämiges Motoröl, bleibt auch in der Reparaturwerkstatt unausgesprochen. Kann sein, unausgesprochen, er tritt zu heftig, zu brutal auf den Pilz, wenn etwas in der Umgebung hinter der Glasscheibe, vor der Nase, dazu zwingt. Dann muss die Bremse nachgestellt werden; er sagt es selber in der Werkstatt, mürrisch, als sei die Mechanik ihm feindlich gesonnen, weil er sie niedertritt: Er, ihr Herr, der Fahrer, seit Jahren über ihr in der rollenden Kabine, getrennt vom Draußen, vom naturhaften Schwanken der Bäume im Wind, getrennt von den prall gefüllten Röcken, aus denen dunkelbestrumpfte Beine kommen gehen kommen gehen. Besser den Blick geradeaus, und schon fließt gleichmäßig links und rechts Umgebung dahin wie Wasser: dann scheint es, als warte am Ende der Vorwärts-

bewegung tatsächlich ein höchst wichtiges Ziel, aber erreicht, entpuppt es sich als irgendeiner der Lagerhöfe, ununterscheidbar einer vom anderen, der Kisten gleichgültigen Inhalts birgt, die auf den Lastwagen gehievt werden, damit anschließend die gleiche Umgebung in umgekehrter Richtung erneut zu beiden Seiten abläuft.

Er, der Fahrer, der Speditionsangestellte seit undenklichen Zeiten, der Berufsjunggeselle, weil nicht heiraten soll, wer ständig unterwegs ist, das spezielle Individuum mit einem speziellen Namen (Morges oder Korges oder so), vor dem ein weniger individuelles „Ewald" seit über vierzig Jahren geschrieben steht, der nun fährt straßauf, straßab und denkt, er weiß wieso und warum. Manchmal. Manchmal wiederum ist ihm völlig unklar, wieso er in dieser unmäßig brummenden Maschine hockt, an den Lenker geklammert, wo er genauso gut der Maurer dort drüben auf dem Gerüst sein könnte, oder jener Mann da, der die Auslagen dekoriert. Er weiß nicht, was ihn dazu brachte, er zu sein; woher das kommt, und ob das nicht einfach eine Krankheit ist: die so genannte Persönlichkeit. Eine Art innerer Auswuchs, wie ein Horn, das sich bildet, und man ahnt nicht wozu. Das Wunder seines Daseins, geronnen in der Existenz eines Fahrers Torges, wundert ihn meist kurzfristig, denn in sein kindliches Erstaunen über sich selbst bricht rotes Licht, eine Warnhupe, springt ein Fußgänger, was auf die Dauer dazu führt, dass eines Tages nach Dienstschluss in der Werkstatt der klassische Satz gesagt wird: Die Bremse muss nachgestellt werden!

Marcel Reich-Ranicki
Mein Leben (1999)

Marcel Reich-Ranicki, der bekannte Literaturkritiker, erzählt in seiner Autobiografie „Mein Leben" von einem Gespräch, das er als Heranwachsender mit seinem Großvater, der ein Rabbiner war, führte.

[...] Doch eines Tages überraschte er [der Großvater] mich mit der Frage, was ich denn werden wolle. Der Wahrheit gemäß antwortete ich, dass ich dies noch nicht wisse. Da gab er mir einen überraschenden Rat: Die Unterhaltungen mit mir hätten ihn überzeugt, dass ich mich für den Rabbinerberuf gut eigne, ebendiesen Beruf solle ich, an die Familientradition anknüpfend, unbedingt ergreifen. Als ich davon nichts hören wollte, versuchte er, mir die Sache mit dem Hinweis schmackhaft zu machen, man könne als Rabbiner viel faulenzen. Wie man sieht, war er ein nüchterner Mann, nicht ohne Humor. Da aber ein Rabbiner in erster Linie als Lehrer zu fungieren hat, mag es sein, dass ich von meinem Großvater gar nicht so falsch beurteilt wurde. Denn in dem Beruf, für den ich mich nach einigem Hin und Her entschieden habe, im Beruf des Kritikers also, dominiert das Pädagogische – oder sollte es wenigstens [...]

Generation Praktikum

von Matthias Stolz

[...] An und für sich sind Praktika etwas Gutes. Früher hießen sie oft Schnupperpraktika, weil es darum ging, einmal hineinzuriechen in eine Zementfabrik oder eine Werbeagentur, um herauszufinden, ob der Beruf zu einem passt oder nicht. Die Praktikanten heute haben sich längst für einen Beruf entschieden.

Je mehr arbeitslose junge Akademiker es jedoch gibt, desto lieber stellen die Unternehmen Praktikanten ein, die für wenig Geld professionelle Arbeiten verrichten. So ist zwischen Ausbildung und Beruf eine häufig mehrere Jahre während Dauerpraktikantenschaft getreten. Die Wissenschaft hat diesen Jahren bereits einen Namen gegeben: die *floundering period*. Eine Phase, in der man zappelt wie eine Flunder.

Vor zwei, drei Jahren war in den Zeitungen viel über die „Generation arbeitslos" zu lesen, von jungen, gut ausgebildeten Menschen, die früh ihren Job verloren. Die Flundermenschen sind anders: Sie wurden nie arbeitslos, weil sie nie einen festen Job hatten. Sie haben daher auch keinen Anspruch auf Arbeitslosengeld oder auf Startgeld für eine Ich-AG.

[...] Es gibt Arbeitslosenstatistiken in Deutschland, jeden Monat neue. Praktikantenstatistiken gibt es nicht. Niemand zählt sie, niemand errechnet, wie lange diese Praktika dauern, niemand verfolgt, wohin sie führen. Bei Siemens etwa rauschen jedes Jahr 16 000 Praktikanten und Werkstudenten durch das Unternehmen, aber es führt keine Statistik, wie viele davon einen festen Job bekommen. Man kann also nur nach Indizien suchen. Ein Freund aus dem Ruhrgebiet etwa besuchte einen Fortbildungskurs für arbeitslose Juristen, der mit einem Praktikum abschloss. Es hieß, durch den Kurs hätten in den vergangenen Jahren viele einen Job gefunden. Im Jahr 2004 war es von zwölf Teilnehmern kein einziger. [...]

Meine Bekannten jedenfalls reden davon, dass Schluss sein müsste mit dem Praktikum, aber endgültig, und ein paar Wochen später kümmern sie sich schon wieder um ein neues.

Leidet ihr Leben in dieser Zeit, oder stecken sie das alles weg? Während sie ihre Praktika machen, hört man sie selten klagen. Wenn man sie fragt, sagen sie ganz flexibilisiert: „Es geht schon", und sie heben hervor, dass das Praktikum ja auch Spaß mache. Ihren wahren Gemütszustand geben sie erst hinterher preis, wenn sie endlich einen Job gefunden haben – und auch dann nur indirekt. So wie mein Freund aus dem Ruhrgebiet, der nach einer Flunderzeit von anderthalb Jahren einen Job bekommen hat, in einem Verband, ohne dort je ein Praktikum gemacht zu haben. Seither, erzählte er mir, gehe es ihm wieder ganz gut. Er spricht davon, die entspanntesten Wochen seit Langem zu erleben. Er habe eine Frau kennen gelernt, sagte er mir kürzlich am Telefon. Natürlich kann es sein, dass das nur Zufall ist.

DIE ZEIT Nr. 14, 31. 3. 2005

2 Dossiermaterial zum Thema „Namen"

Das folgende Dossiermaterial eignet sich für einen Essay zum Thema „Namen", deren Bedeutung und Auswirkung. Sie können es verwenden, um sich zu einer Reflexion über Ihren eigenen Vornamen und Ihre Wahrnehmung anderer Namen anregen zu lassen.

Markus lügt, Philipp flirtet gern

von Torben Müller

Männer namens Klaus sind leicht zu verführen – ähnlich wie die Gerds. Mit Utes und Utas wird der One-Night-Stand zum echten Erlebnis. Beziehungscoach Clemens Beöthy rät in seinem Buch: „Heirate niemals einen Udo".
Herr Beöthy, wieso sollte frau keinen Udo heiraten?
Udo ist kein Familienmensch, kann in der Partnerschaft sogar ins Rotlichtmilieu abdriften. Er sieht die Frau als Bedürfniserfüllungsanstalt: Bewunderung, Sex und gutes Essen. Und er wird zum Quengler, wenn nicht alles nach seiner Pfeife tanzt.
Harte Worte. Selbst einen Hang zu Alkoholismus unterstellen Sie dem Durchschnitts-Udo. Wie kommen Sie dazu?
Das sind Erfahrungswerte. In meiner Beratung hatte ich mehr als 20 000 Gespräche. Da waren Dutzende Udos dabei, bei denen es in diese Richtung lief.
Hinter den Erkenntnissen in „Heirate niemals einen Udo" stecken vor allem praktische Beobachtungen?
Darum geht es. Theoretisch erklären kann und will ich nichts. Es gibt zwar Ansätze, wonach helle Vokale in Namen sympathischer klingen, aber einige Beispiele im Buch widerlegen das auch wieder. Die Grundzüge, davon bin ich überzeugt, stimmen. Das zeigt auch die Fülle von Reaktionen, bis hin zu Beschimpfungen. Wer sich ertappt fühlt, reagiert emotional.
Haben Sie denn schon mal so eine Art Dankesschreiben erhalten: „Vielen Dank für die Warnung! Fast wäre ich auf einen Markus (meistens Hochstapler) hereingefallen"?
Ja, tatsächlich. In Internetforen gibt es auch interessante Beiträge in dieser Richtung. Viele wollen von mir jetzt auch wissen, wie diese oder jene Kombination passt. Vor kurzem konnte ich Monika und Patrick eine erfreuliche Rückmeldung geben.
Wie erklären Sie sich, dass der Vorname einen solchen Einfluss auf den Charakter hat?
Ich mache es an einem modernen Beispiel deutlich: Kevin, Dustin oder Chantal werden es im Leben schwer haben, weil Vorurteile gegen ihre Namen bestehen. Das führt zu Aggression und Frustration, die sie mit in die Partnerschaft nehmen. So ergibt sich ein Bild.
Was ist mit der beständigen, rationalen, wenig emotionalen Kerstin, die als impulsiver, freiheitsliebender Wassermann geboren wird?
Ich bin ein Freund der Astrologie und habe auch da schon entsprechende Beobachtungen gemacht. Das spielt bei der Persönlichkeit ebenfalls mit rein. Man darf ja auch nicht zu sklavisch an etwas festhalten – alles auf den Vornamen zu schieben wäre zu plakativ. Kürzlich habe ich sogar wieder einen Udo in meinen Gesprächskreis aufgenommen.
Selbst sexuelle Vorlieben und Schwierigkeiten führen Sie auf den Vornamen zurück…
… und kann das auch beurteilen. Die Leute plaudern bei mir aus dem Nähkästchen. Ich hätte einiges noch viel detaillierter geschildert, aber die Langfassung wurde entschärft.
Stefanies etwa lassen im Schlafzimmer alle Selbstbeherrschung fallen, bei Andrea ist die Chance auf einen One-Night-Stand groß. Waren Sie mal mit einer Andrea verabredet?
Ja. Und ich war sogar mit einer Stefanie liiert. Lange vor meiner Ehe.
Mit harten Fakten lehnen Sie sich ziemlich weit aus dem Fenster. So behaupten Sie etwa, den Christians stehen keine

Hüte. Martins mögen angeblich Tee und selbst gestrickte Socken. Es fühlen sich doch bestimmt viele Menschen falsch dargestellt.

Na ja, wenn zwei Drittel sagen, das treffe überwiegend zu, dann behauptet ein Drittel natürlich das Gegenteil. Es ist doch klar, dass nicht alle Martins dieser Welt gleich sind. So hirnrissig kann selbst ich nicht sein, das zu glauben.

Welchen Vornamen sollten werdende Eltern ihrem Sprössling geben, damit er oder sie möglichst klug, gut aussehend, reich und erfolgreich wird?

Mein Sohn heißt mit zweitem Namen Philipp. Schon mit eineinhalb Jahren ist er ein sehr charmantes Kind. Nicht umsonst gibt es den Flirt-Guru Phillip von Senftleben. Ein Alexander wird vermutlich beruflich erfolgreich. Bei Frauen mag ich die L-Namen. Lena ist der kecke Typ, siehe Frau Meyer-Landrut. Komplimente gehen ihr übrigens viel näher, als sie zugibt. Lisas sind kreativ, Lauras sozial engagiert.

Wer ist denn nun das absolute Traumpaar?

Stefanie und Wolfgang haben eine intellektuell fruchtbare Beziehung mit guten Gesprächen. Auch intim geht viel, weil beide gern ausprobieren. Heike und Markus sind lockere Typen, die es mit der Treue nicht so genau nehmen. Das kann eine sehr gute, offene Beziehung werden. Ebenso Heike und Michael.

Was geht gar nicht?

Der schwierige Christian und die lebensfrohe Uschi werden gemeinsam nicht glücklich. Christian ist so kompliziert, da genügt auch Uschis großes Verständnis nicht. Und Frank ist für Julia sicherlich auf Dauer zu provinziell.

Und bei wem geht es im Bett so richtig heiß her?

Ute und Thomas, da knallt's. Aber nur beim Typ „Vertreter-Thomas" – beide sind erfahren, haben eine starke Libido und sind probierfreudig. Der „Technik-Thomas" spielt lieber am Computer als mit Ute.

Clemens gehört nicht zu den 50 Namen, die im Buch erklärt werden.

Den Gag gibt es vielleicht in einem zweiten Teil. Der Name ist selten, deshalb müsste ich vieles von mir ableiten: chaotisch, nicht der Ordentlichste, neigt dazu, Dinge aufzuschieben; kann aber auch diszipliniert sein; sehr sozial und hilfsbereit.

Sie sind verheiratet mit einer ...

... Timea.

Besser passen würde aber ...

... nicht besser, aber gut passen würden auch Stefanie, Bettina und Julia.

Sonntag Aktuell, 6. 2. 2011

Laurence Sterne
Tristram Shandy (1759–1767)

In seinem Roman „Tristram Shandy" lässt Laurence Sterne den Vater Tristram Shandys folgende Ausführungen gegenüber den Leserinnen und Lesern machen:

„Ihr Sohn! Ihr geliebter Sohn, von dessen sanftem und ehrlichem Naturell Sie so viel zu erwarten haben. Ihr *Billy*, mein Herr! Wollten Sie ihn um alles in der Welt wohl *Judas* haben
5 taufen lassen? Würden Sie wohl, mein lieber Freund", fuhr er fort, indem er Ihnen mit der sanftesten Art seine Hand auf die Brust legte, und mit dem schmeichelnden und unwiderstehlichen Piano der Stimme, welches das *ar-*
10 *gumentum ad hominem*[1] seiner Natur nach erheischt, „würden Sie, mein Herr, wenn ein Jude von einem Gevatter[2] diesen Namen für Ihren Sohn vorgeschlagen und Ihnen dabei seine Geldsäcke angeboten hätte, würden Sie wohl in eine solche Entweihung Ihres Sohnes 15 eingewilligt haben? O mein Gott!", sagte er dann und richtete die Augen nach oben, „wenn ich Ihr Gemüt recht kenne, so sind Sie dazu nicht fähig. Sie hätten das Anerbieten mit Füßen getreten; mit Abscheu hätten Sie 20 die Versuchung dem Versucher ins Gesicht geschleudert.
Ihre Seelengröße bei dieser Tat, die ich zugleich als die uneigennützige Verachtung des Geldes bewundere, die Sie bei diesem ganzen 25 Vorfall an den Tag legen, ist wirklich edel; und sie wird noch edler durch das Prinzip, aus dem sie entspringt; Ihre Vaterliebe bestätigt die Wahrheit und Überzeugungskraft folgender Hypothese: Wäre Ihr Sohn Judas getauft wor- 30 den, so würde ihn die habsüchtige und betrügerische Idee, die von dem Namen so unzertrennlich ist, sein ganzes Leben hindurch wie ein Schatten verfolgt und ihn zuletzt trotz Ihrem guten Beispiel, mein Herr, zu einem 35 Knauser und Schurken gemacht haben."

1 **argumentum ad hominem:** Ein Argument, das sich an die Person richtet, z. B.: „Gerade du hast keinen Grund, ein Alkoholverbot in Fußballstadien zu fordern, da du doch selbst jeden Tag ein Bier trinkst."
2 **Gevatter:** älteres Wort für „Taufpate"

Gerichtsurteile zu Vornamen

Familienname des Vaters als Vorname des Sohnes

Der Bundesgerichtshof in Karlsruhe hat entschieden, dass ein Junge den Familiennamen des Vaters „Lütke" als dritten Vornamen führen darf. [...]

Töchter durften nicht Christin oder Nicola heißen

Weil die Namen Christin und Nicola im Standardwerk „Internationales Handbuch der Vornamen" für Männer und für Frauen eingetragen sind, wollten die jeweils zuständigen Standesämter diese Vornamen nur mit einem zweiten, eindeutig weiblichen Namen zulassen. Im Fall Christin wurde aber bescheinigt, dass die männliche Verwendung historisch bedingt ist und Christin heutzutage als weiblicher Vorname gilt. [...]

November
Im Januar 1995 wurde die Eintragung von „November" als Vorname vom Amtsgericht Tübingen noch abgelehnt. Elf Jahre später, im Juni 2006, kam es am Landgericht Bonn zu einer anderen Entscheidung: Ein Junge darf jetzt die Vornamen „Joël November Severin" führen. Spätestens seit November 2007 ist der Name auch für Mädchen gebräuchlich: In Standesamt von Bad Oldesloe wurde „Svea November" beurkundet.

Virginia LouAnn
Das Erfurter Oberlandesgericht hat entschieden, dass ein Mädchen *LouAnn* heißen darf. Zuvor wollte das zuständige Standesamt lediglich die Variante *Lou Ann* zulassen.
Die Richter befanden, dass es inzwischen auch in Deutschland üblich ist, ausländische Vornamen zu vergeben. Die im englischsprachigen Raum gebräuchliche Schreibweise muss darum akzeptiert werden.

Eine Karikatur

Bildung von Rufnamen (historische Entwicklung) Auszug aus Wikipedia

[...] Die germanischen Rufnamen waren bis zum 4. Jahrhundert nach dem Prinzip aufgebaut, zwei Namenglieder sinnvoll zu verbinden; z. B.: Gud-run, Sieg-run (run = Zauber, Geheimnis), Ger-hart (ger = Speer, hart = hart/streng). [...]. Die anfänglich inhaltliche Wichtigkeit hielt sich aber nicht, mit der Zeit wurde der Rufname mit mehr Augenmerk auf Wohlklang und Abstammung gewählt.

Nicht-germanische Namen waren, nach der Römerzeit des Südens, erst ab dem 7./8. Jahrhundert wirklich präsent; man findet in dieser Zeit vorwiegend christliche Namen, bevorzugt aus dem Alten Testament; z. B. Christian, Elisabeth, Daniel etc.

Im 12. Jahrhundert (Mittelalter, „Hoch-Zeit" des Glaubens) wurden Namen aus dem Neuen Testament beliebt, die dem Deutschen oft angepasst oder verkürzt wurden, z. B.: Johannes → dt.: Johann, Hans, Hannes etc.; Magdalena → dt.: Magda, Lena, Leni etc.; Immanuel → dt.: Emanuel, Manuel etc. Auch Heiligennamen fanden zu dieser Zeit großen Anklang, was sich vom Westen und Süden nach Norddeutschland ausbreitete, wobei diese von den Verehrungsgebieten abhingen, da je nach Region bestimmten Heiligen mehr Wichtigkeit beigemessen wurde; z. B.: Benedikt, Andreas, Elisabeth, Florian, Anton(ius). [...]

Ab der Renaissance fanden unter Einfluss des Humanismus immer mehr griechische und lateinische Namen aus der Antike Eingang in

unsere Namenwelt, wie Hektor, Agrippa, Claudius, Julius, Augustus. […] Vornamen von Gebildeten wurden gewöhnlich latinisiert, wie beispielsweise Henricus, Martinus, Joachimus. Humanisten waren auch am germanischen Altertum interessiert und damit an Namen wie Hildebrand, Hartmann, Reinhold. […] Die Reformation führte zu einem allgemeinen Rückgang im Gebrauch von Heiligennamen und es wurden bis in das 18. Jahrhundert alttestamentarische Namen wie Benjamin, Jonas, Daniel, David, Rebekka, Martha bevorzugt. […] Bestimmte Namen entwickelten sich zu ausgesprochen katholischen Vornamen wie Ignaz/Ignatius, Vincenz, Xaver, Franz, Josef, Maria. […] Maria entwickelte sich auch zu einem beliebten zweiten Vornamen bei Männern.

Im 17./18. Jahrhundert wurden dann auch französische (z. B. Charlotte, Babette) und englische (z. B. Alfred, Edith) Vornamen vergeben, die aber erst im 20. Jahrhundert im deutschsprachigen Raum noch gängiger wurden.

Die kalvinistische Vorliebe für alttestamentarische Namen überdauerte das 18. Jahrhundert nicht, und während dieses Jahrhunderts entwickelte sich eine Vorliebe für Namen mit moralischem Anklang wie beispielsweise Gottfried, Gotthold, Gotthelf, Fürchtegott, Liebfried. […]

Ende des 19. Jahrhunderts nahmen die Doppelnamen (auch „Bindestrichnamen" genannt) an der Zahl zu. Diese erfreuten sich besonders in den 1930ern und 1950ern großer Beliebtheit; z. B. Hans-Peter, Eva-Maria, Klaus-Dieter. Früher oder später existieren einige dieser Doppelnamen auch in zusammengeschriebener Form (Hanspeter 1810er, Evamaria 1880er, Klausdieter 1930er).

Die Welt der Vornamen wurde im 20. Jahrhundert immer internationaler. Nach dem 2. Weltkrieg gingen die germanischen Namen eher unter (auch als Reaktion auf den Nationalsozialismus zu interpretieren), die hebräischen, griechischen und lateinischen nahmen ihren Platz ein; in weiterer Folge herrschte ein starker anglo-amerikanischer Einfluss. Vor allem durch internationale Medien wie Fernsehen und Rundfunk oder Literatur kam man mit vielen fremdsprachigen Namen in Kontakt und übernahm sie ins Deutsche. Heute ist auch die Entlehnung aus allen europäischen Ländern – von Skandinavien bis zum Balkan – gängig.

Als Kontrast zur internationalen Namenvielfalt entwickelt sich teilweise eine Gegenströmung zur Bewahrung der alten germanischen Namen.

Seit den 1950er-Jahren gewannen anglophone und romanische Vornamen wie Jennifer, Mike oder aber Natalie und Marco an Bedeutung. Obwohl in beiden Teilen Deutschlands verschiedene Namen die größte Beliebtheit hatten (Peggy, Mandy und Cindy sind oft zitierte Beispiele für die DDR), war die Tendenz in beiden Staaten gleich. Ende des 20. Jahrhunderts besaßen knapp zwei Drittel der Vornamen weder einen christlichen noch einen deutschsprachigen Hintergrund. […]

Bei der Übernahme fremder Namen war von jeher eine lautliche Anpassung zu beobachten. Zuerst wurden Namen adaptiert, die an traditionelle phonetische Gewohnheiten anschlussfähig waren. So wurde im Mittelalter aus Johannes Hans, aus Christian Christen und aus Marcus zunächst Marx. Manche Namen wurden auch in ihrer geschriebenen Form übernommen, obwohl die Aussprache in den Herkunftsgebieten eine andere war: So wurde span. Xavier als Xaver übernommen und nicht als Schabier und norweg. Harald als Harald und nicht als Harall. […]

Wikipedia, Zugriff am 25.10.11

3 Dossiermaterial zum Thema „Freundschaft und Facebook"

Das folgende Dossiermaterial kann Sie zu einer essayistischen Auseinandersetzung mit dem Freundschaftsbegriff im Zeitalter der Kommunikationsplattformen im Internet anregen.

Facebook: Freunde verkaufen verboten

von Frank Patalong

Facebook droht der Firma USocial mit einer Klage, sollte die fortfahren, Facebook-Mitgliedern Freunde zu verkaufen. Das ist ein lukratives Geschäft, weil Freunde eine Art Währung sind: Je mehr man hat, desto vernetzter erscheint man. Jetzt kennen wir auch den Wert eines Freundes: rund sechs Cent.

Ein sonderbares Angebot: Freunde gibt es im Sonderangebot. Und zwar beim Unternehmen USocial, das Freunde zur Nutzung in Facebook- oder Twitterprofilen in Tausenderpacks verkauft, wie die BBC berichtet. 1000 Twitter-Follower kosten so beispielsweise rund 59 Euro, was den Wert der einzelnen Freundschaft bei nicht ganz sechs Cent festmacht. Bis zu hunderttausend Freunde kann man im Pauschalpack kaufen, wenn man sich einsam oder nicht genügend verfolgt fühlt.

Freundschaft ist halt ein inflationäres Gut in einer virtuellen Welt, in der so mancher Menschen in fünfstelliger, sechsstelliger oder Millionenzahl Freunde nennt.

Was absurd klingt, ist für Facebook selbst ein ernst zu nehmender Verstoß gegen die allgemeinen Geschäftsbedingungen. Denn USocial soll die Nutzerprofile regelrecht abgefischt haben, arbeitet angeblich mit Spam-Aussendungen und technischen Mitteln, Profile zu manipulieren. USocial bestreitet das.

Eine einstweilige Verfügung gegen diese Methoden beantwortete USocial aber mit einer Versicherung, zumindest den Handel mit Facebook-Freunden einstellen und gewonnene Login-Daten löschen zu wollen. Sieht so aus, als müsste sich so mancher die Freunde wieder selbst suchen.

www.spiegel.de, 20.11.2009, geprüft 20.9.2011

Hermann Hesse
Unterm Rad (1906)

In Hermann Hesses autobiografisch gefärbter Erzählung „Unterm Rad" schildert der Autor das Internatsleben in Maulbronn. Dort freundet sich der strebsame Hans Giebenrath, Hesses Protagonist, mit dem von der Lehrerschaft wenig gelittenen Aufrührer Hermann Heilner an. Dieser wird nach einer Prügelei vom Internatsleiter in Gegenwart aller Mitschüler – auch Giebenraths – zur Rede gestellt und bestraft.

Die ganze Promotion[1] schielte scheu zu ihm hinüber, der blaß und trotzig dastand und dem Blick des Ephorus[2] nicht auswich. Im stillen bewunderten ihn viele, trotzdem blieb er am Ende der Lektion, als alles lärmend die Gänge erfüllte, allein und gemieden wie ein Aussätziger. Es gehörte Mut dazu, jetzt zu ihm zu stehen.
Auch Hans Giebenrath tat es nicht. Es wäre seine Pflicht gewesen, das fühlte er wohl, und er litt am Gefühl seiner Feigheit. Unglücklich und schamhaft drückte er sich in ein Fenster und wagte nicht aufzublicken. Es trieb ihn, den Freund aufzusuchen, und er hätte viel darum gegeben, es unbemerkt tun zu können. Aber ein mit schwerem Karzer[3] Bestrafter ist im Kloster für längere Zeit so gut wie gebrandmarkt. Man weiß, daß er von nun an besonders beobachtet wird und daß es gefährlich ist und einen schlechten Ruf einträgt, mit ihm Verkehr zu haben. Den Wohltaten, welche der Staat seinen Zöglingen erweist, muß eine scharfe, strenge Zucht entsprechen, das war schon in der großen Rede beim Eintrittsfeste vorgekommen. Auch Hans wußte das. Und er unterlag im Kampf zwischen Freundespflicht und Ehrgeiz. Sein Ideal war nun einmal, vorwärtszukommen, berühmte Examina zu machen und eine Rolle zu spielen, aber keine romantische und gefährliche. So verharrte er ängstlich in seinem Winkel. Noch konnte er hervortreten und tapfer sein, aber von Augenblick zu Augenblick wurde es schwerer, und eh er sich 's versah, war sein Verrat zur Tat geworden.
Heilner bemerkte es wohl. Der leidenschaftliche Knabe fühlte, wie man ihm auswich, und begriff es, aber auf Hans hatte er sich verlassen. Neben dem Weh und der Empörung, die er jetzt empfand, kamen ihm seine bisherigen, inhaltslosen Jammergefühle leer und lächerlich vor. Einen Augenblick blieb er neben Giebenrath stehen. Er sah blaß und hochmütig aus und sagte leise: „Du bist ein gemeiner Feigling, Giebenrath – pfui Teufel!" Und damit ging er weg, halblaut pfeifend und die Hände in den Hosensäcken. ®

1 **Promotion:** hier: Jahrgangsstufe
2 **Ephorus:** der Internatsleiter
3 **Karzer:** Arrestzelle

Aus der Facebook-Statistik:
Der durchschnittliche Nutzer …

- … hat 130 Freunde auf Facebook
- … sendet 8 Freundschaftsanfragen pro Monat
- … verbringt 55 Minuten pro Tag auf Facebook
- … klickt 9-mal im Monat den Like-Button
- … schreibt 25 Kommentare pro Monat
- … wird Fan von 4 Fanpages pro Monat
- … wird zu 3 Events pro Monat eingeladen
- … ist Mitglied in 13 Gruppen

Friedrich Schiller
Die Bürgschaft (1798/1804)

Zu Dionys, dem Tyrannen, schlich
Damon, den Dolch im Gewande:
Ihn schlugen die Häscher in Bande.
„Was wolltest du mit dem Dolche, sprich!"
5   Entgegnet ihm finster der Wüterich.
„Die Stadt vom Tyrannen befreien!"
„Das sollst du am Kreuze bereuen."

„Ich bin", spricht jener, „zu sterben bereit
Und bitte nicht um mein Leben;
10 Doch willst du Gnade mir geben,
Ich flehe dich um drei Tage Zeit,
Bis ich die Schwester dem Gatten gefreit[1];
Ich lasse den Freund dir als Bürgen –
Ihn magst du, entrinn ich, erwürgen[2]."

15 Da lächelt der König mit arger List[3]
Und spricht nach kurzem Bedenken:
„Drei Tage will ich dir schenken.
Doch wisse, wenn sie verstrichen, die Frist,
Eh du zurück mir gegeben bist,
20 So muss er statt deiner erblassen[4],
Doch dir ist die Strafe erlassen."

Und er kommt zum Freunde: „Der König gebeut[5],
Dass ich am Kreuz mit dem Leben
Bezahle das frevelnde Streben;
25 Doch will er mir gönnen drei Tage Zeit,
Bis ich die Schwester dem Gatten gefreit.
So bleib du dem König zum Pfande,
Bis ich komme, zu lösen die Bande."

Und schweigend umarmt ihn der treue Freund
30 Und liefert sich aus dem Tyrannen,
Der andere ziehet von dannen.
Und ehe das dritte Morgenrot scheint,
Hat er schnell mit dem Gatten die Schwester vereint,
Eilt heim mit sorgender Seele,
35 Damit er die Frist nicht verfehle.

1 **gefreit:** verheiratet, angetraut
2 **erwürgen:** hier metaphorisch für „töten"
3 **mit arger List:** hinterhältig
4 **erblassen:** metaphorisch für „sterben"
5 **gebeut:** befiehlt

Da gießt unendlicher Regen herab,
Von den Bergen stürzen die Quellen,
Und die Bäche, die Ströme schwellen.
Und er kommt ans Ufer mit wanderndem Stab –
40 Da reißet die Brücke der Strudel hinab,
Und donnernd sprengen die Wogen
Des Gewölbes krachenden Bogen.

Und trostlos irrt er an Ufers Rand:
Wie weit er auch spähet und blicket
45 Und die Stimme, die rufende, schicket –
Da stößet kein Nachen⁶ vom sichern Strand,
Der ihn setze an das gewünschte Land,
Kein Schiffer lenket die Fähre,
Und der wilde Strom wird zum Meere.

50 Da sinkt er ans Ufer und weint und fleht,
Die Hände zum Zeus erhoben:
„O hemme des Stromes Toben!
Es eilen die Stunden, im Mittag steht
Die Sonne, und wenn sie niedergeht
55 Und ich kann die Stadt nicht erreichen,
So muss der Freund mir erbleichen⁷."

Doch wachsend erneut sich des Stromes Wut,
Und Welle auf Welle zerrinnet,
Und Stunde an Stunde entrinnet.
60 Da treibt ihn die Angst, da fasst er sich Mut
Und wirft sich hinein in die brausende Flut
Und teilt mit gewaltigen Armen
Den Strom, und ein Gott hat Erbarmen.

Und gewinnt das Ufer und eilet fort
65 Und danket dem rettenden Gotte;
Da stürzet die raubende Rotte⁸
Hervor aus des Waldes nächtlichem Ort,
Den Pfad ihm sperrend, und schnaubet Mord⁹
Und hemmet des Wanderers Eile
70 Mit drohend geschwungener Keule.

„Was wollt ihr?" ruft er vor Schrecken bleich,
„Ich habe nichts als mein Leben,
Das muss ich dem Könige geben!"
Und entreißt die Keule dem Nächsten gleich:
75 „Um des Freundes willen erbarmet euch!"
Und drei, mit gewaltigen Streichen,
Erlegt er, die andern entweichen.

6 **Nachen:** altertümlich für „Kahn"
7 **mir erbleichen:** für mich sterben
8 **Rotte:** Bande
9 **schnaubet Mord:** metaphorisch für „mordlüstern sein"

Und die Sonne versendet glühenden Brand;
Und von der unendlichen Mühe
80 Ermattet sinken die Knie.
„O hast du mich gnädig aus Räubershand,
Aus dem Strom mich gerettet ans heilige Land,
Und soll hier verschmachtend verderben,
Und der Freund mir, der liebende, sterben!"

85 Und horch! da sprudelt es silberhell,
Ganz nahe, wie rieselndes Rauschen,
Und stille hält er, zu lauschen;
Und sieh, aus dem Felsen, geschwätzig, schnell,
Springt murmelnd hervor ein lebendiger Quell,
90 Und freudig bückt er sich nieder
Und erfrischet die brennenden Glieder.

Und die Sonne blickt durch der Zweige Grün
Und malt auf den glänzenden Matten
Der Bäume gigantische Schatten;
95 Und zwei Wanderer sieht er die Straße ziehn,
Will eilenden Laufes vorüberfliehn,
Da hört er die Worte sie sagen:
„Jetzt wird er ans Kreuz geschlagen."

Und die Angst beflügelt den eilenden Fuß,
100 Ihn jagen der Sorge Qualen;
Da schimmern in Abendrots Strahlen
Von ferne die Zinnen von Syrakus,
Und entgegen kommt ihm Philostratus,
Des Hauses redlicher Hüter,
105 Der erkennet entsetzt den Gebieter:

„Zurück! du rettest den Freund nicht mehr,
So rette das eigene Leben!
Den Tod erleidet er eben.
Von Stunde zu Stunde gewartet' er
110 Mit hoffender Seele der Wiederkehr,
Ihm konnte den mutigen Glauben
Der Hohn des Tyrannen nicht rauben."

„Und ist es zu spät und kann ich ihm nicht
Ein Retter willkommen erscheinen[10],
115 So soll mich der Tod ihm vereinen.
Des rühme der blutge Tyrann sich nicht,
Dass der Freund dem Freunde gebrochen die Pflicht,
Er schlachte der Opfer zweie
Und glaube an Liebe und Treue."

10 **kann ich ihm nicht [...] erscheinen**: so viel wie „kann ich nicht kommen und ihn retten"

120 Und die Sonne geht unter, da steht er am Tor,
Und sieht das Kreuz schon erhöhet,
Das die Menge gaffend umstehet;
An dem Seile schon zieht man den Freund empor,
Da zertrennt er gewaltig den dichten Chor[11]:
125 „Mich, Henker!", ruft er, „erwürget!
Da bin ich, für den er gebürget!"

Und Erstaunen ergreift das Volk umher,
In den Armen liegen sich beide
Und weinen vor Schmerzen und Freude.
130 Da sieht man kein Auge tränenleer,
Und zum Könige bringt man die Wundermär;
Der fühlt ein menschliches Rühren,
Lässt schnell vor den Thron sie führen,

Und blicket sie lange verwundert an.
135 Drauf spricht er: „Es ist euch gelungen,
Ihr habt das Herz mir bezwungen;
Und die Treue, sie ist doch kein leerer Wahn –
So nehmet auch mich zum Genossen an.
Ich sei, gewährt mir die Bitte,
140 In eurem Bunde der Dritte."

11 **Chor:** hier: die Menschenmenge

Bertolt Brecht
Über Schillers Gedicht „Die Bürgschaft" (1938)

O edle Zeit, o menschliches Gebaren!
Der eine ist dem andern etwas schuld.
Der ist tyrannisch, doch er zeigt Geduld
Und läßt den Schuldner auf die Hochzeit fahren.

5   Der Bürge bleibt. Der Schuldner ist heraus.
Es weist sich, daß natürlich die Natur
Ihm manche Ausflucht bietet, jedoch stur
Kehrt er zurück und löst den Bürgen aus.

Solch ein Gebaren macht Verträge heilig,
10 In solchen Zeiten kann man auch noch bürgen.
Und hat's der Schuldner mit dem Zahlen eilig

Braucht man ihn ja nicht allzustark zu würgen.
Und schließlich zeigte es sich ja auch dann:
Am End war der Tyrann gar kein Tyrann!

4 Dossiermaterial zum Thema „Lüge"

Das folgende Dossiermaterial kann Sie zu einer essayistischen Auseinandersetzung mit dem Thema „Lüge" anregen.

Tobias Beck et al.
Täuschen und Lügen (Sendungsbeiträge aus „Quarks & Co", 2004)

Lügen lernen
Volksweisheiten wie „Kindermund tut Wahrheit kund" oder „Kinder und Narren sagen die Wahrheit" machen deutlich, dass das Lügen offenbar keine angeborene Fähigkeit ist. Stattdessen wird sie erst ab einem Alter von etwa vier Jahren erlernt. Wichtigste Voraussetzung dafür ist die Fähigkeit, sich in einen anderen Menschen hineinzuversetzen. Denn erst wenn man verstanden hat, dass ein anderer Mensch etwas anderes bzw. weniger wissen kann als man selbst, kann man ihn auch hinters Licht führen.
[…]

Bewusstes Lügen
Wenn die Kinder das Prinzip des „falschen Glaubens" verstanden haben, dauert es noch rund ein halbes Jahr, bis sie dieses Wissen auch zu ihrem Vorteil einsetzen und anfangen zu lügen. Sie nutzen ihren Wissensvorsprung: Wenn eine andere Person etwas nicht weiß, kann sie mit einer falschen Information getäuscht werden. Die Kleinen können jetzt andere Menschen bewusst manipulieren. Wie intensiv sie diese Fähigkeit einsetzen, hängt davon ab, welchen Stellenwert Lüge und Manipulation in ihrem täglichen Leben haben. Wenn in ihrem Umfeld viel geschwindelt und beeinflusst wird, werden die Kinder diese Techniken der Kommunikation ebenfalls häufiger anwenden. Vor diesem Hintergrund verwundert es nicht, wenn Kinder, die ältere Geschwister haben, generell weiter sind in Sachen Lügen.

Höflich oder ehrlich?
Doch auch wenn die Familie großen Wert auf Ehrlichkeit legt, geraten die Kleinen irgendwann zwangsläufig in einen Konflikt. Denn sie sollen im Umgang mit ihren Mitmenschen nicht nur ehrlich, sondern gleichzeitig höflich sein. Was antwortet man aber der Tante auf die Frage, ob der völlig missratene Kuchen schmeckt? Wie reagiert man auf ein hässliches Geschenk? Bis zum Alter von sechs Jahren sagen die meisten Kinder geradeheraus, was sie denken. Das führt mitunter zu sehr peinlichen Situationen – zumindest für so manchen Erwachsenen. Die Achtjährigen halten sich ab und zu durchaus zurück. Und mit zehn Jahren haben die Kinder ein gutes Gespür dafür entwickelt, ob in der jeweiligen Situation eher Höflichkeit oder Ehrlichkeit gefragt ist.

Lügen früher und heute
In den 1920er-Jahren beklagte eine Wiener Studie die Verlogenheit der Kinder: „Nur ein kleiner Prozentsatz von Kindern schien überhaupt das Bewusstsein des Unerlaubten, Unmoralischen bei der Lüge zu haben." Am häufigsten waren damals „Begierdelügen", Lügen zum Vertuschen von „Naschhaftigkeit" oder „Nichterfüllung häuslicher Pflichten" und „Schullügen" (zu spät kommen, Hausaufgaben vergessen). Heute spielen diese Formen kaum noch eine Rolle. Durch die verbesserte wirtschaftliche Situation sind offensichtlich einige Gründe für das Lügen weggefallen. So gibt es heute kaum noch das Problem der „Naschhaftigkeit", wenn von zu Hause Schokoriegel an Stelle des Pausenbrotes mitgegeben werden. Es gibt aber noch weitere Unterschiede: So hielt 1920 ein Viertel der Kinder Lügen zur Verheimlichung von Schäden für gerechtfertigt. Heute werden sie Derartiges dagegen als nicht zulässig betrachten. Insgesamt gibt es die Tendenz, dass die heutigen Kinder bessere und moralischere Gründe dafür anführen, wann eine Lüge vertretbar ist. Trotzdem lügen sie heute noch genauso viel oder wenig wie vor 80 Jahren.

Das 1 x 1 des Lügens
Wie oft haben Sie heute schon gelogen? Rein statistisch eineinhalbmal. Und dabei sind die

üblichen Höflichkeitsfloskeln wie „Guten Tag" oder „mit freundlichen Grüßen" noch gar nicht mitgezählt, sonst wären es schnell mehr als 100 Lügen am Tag. Eine genaue Lügen-Definition ist daher wichtig: „Lügen ist die Kommunikation einer subjektiven Unwahrheit mit dem Ziel, im Gegenüber einen falschen Eindruck hervorzurufen oder aufrechtzuerhalten" (nach J. Schmid, 2000). Entscheidend für den Tatbestand der Lüge sind dabei zwei Aspekte. Zum einen muss das Gegenüber sich täuschen lassen. Bei einem „Hochachtungsvoll" unter dem Brief ist auch dem Empfänger klar, dass es sich um eine Standardformulierung handelt. Zum anderen ist nicht die objektive Wahrheit ausschlaggebend, sondern das, was der Lügner im Augenblick der Äußerung für wahr hält. Er kann also lügen, obwohl er die Wahrheit sagt. Ein Beispiel macht das deutlich: Eine Person glaubt, dass sie Kleingeld in der Tasche hat. An der Supermarktkasse verneint sie dies aber, weil sie einen großen Schein gewechselt bekommen möchte. Auch wenn sich im Nachhinein herausstellt, dass die Person tatsächlich kein Kleingeld hatte, hat sie im Moment der Aussage gelogen.

Gute Lügen – schlechte Lügen?
Vom moralischen Standpunkt aus mögen Lügen immer als verwerflich angesehen werden. Das bedeutet jedoch nicht, dass eine Lüge immer zu einem ungerechtfertigten Vorteil für den Lügner führt. Es kann durchaus gerechtfertigt sein zu lügen, zum Beispiel um das Leben eines unschuldig Verfolgten zu retten. Auch die Lüge eines Arztes, der den Patienten nicht vollständig über seinen gesundheitlichen Zustand aufklärt, ist wahrscheinlich mehr zum Schutz des Patienten gedacht als zum Vorteil des Arztes.
Ebenso sind Lügen aus Höflichkeit eher aus Achtung vor dem Gegenüber oder aus Vermeidung eines Konfliktes motiviert. Insgesamt sind knapp die Hälfte der Lügen „prosozial". Trotzdem überwiegt der Anteil der selbstdienlichen Lügen.

Auf die Technik kommt es an
Lüge ist nicht gleich Lüge. Wie niederträchtig oder verzeihlich wir eine Lüge bewerten, hängt nicht nur vom Tatbestand ab, der verschleiert werden soll, sondern auch von der Art und Weise, wie dieser falsche Eindruck erzielt worden ist.
Stellen Sie sich zum Beispiel folgende Situation vor. Eine Ehefrau geht nach der Arbeit nicht direkt nach Hause, wo ihr Mann mit dem Essen wartet, sondern sie besucht stattdessen mit einem Freund noch eine Kneipe. Als sie schließlich mit erheblicher Verspätung in die heimische Wohnung kommt, ist ihr Ehemann entsprechend sauer. Auf seine Frage „*Schön, dass du auch mal nach Hause kommst. Hast du wieder mit den Kollegen gefeiert?*" gibt es verschiedene Möglichkeiten zu antworten:

Direkte Lügen sind am häufigsten
„*Von wegen feiern. Ich saß die ganze Zeit in einer Konferenz mit dem Chef. Der wollte unbedingt noch mal über das Projekt sprechen.*" Das einfache „*Nein*", wo ein „*Ja*" wahr wäre, wird durch einen erfundenen Sachverhalt erweitert.
Solche direkten Lügen sind im Alltag die häufigsten (63 Prozent). Sie werden vom Belogenen allerdings auch als besonders schwerwiegend empfunden, wenn sie entdeckt werden. Daher ist es geschickter, eine indirekte Art der Lüge zu verwenden. Je weniger man sich dabei festlegt, desto einfacher hat man es, falls der Schwindel auffliegt. Die folgenden Beispiele sind so geordnet, dass die „gefühlte" Schwere der Lüge immer geringer wird.

Indirekte Lügen sind eher verzeihbar
„Na, danke. Du traust mir ja einiges zu. Meinst du, ich würde dich einfach so warten lassen?" Die Gegenfrage ist eine indirekte Lüge. Sie funktioniert, weil sie scheinbar keine Aussage enthält. Trotzdem erweckt sie den Eindruck, dass der Partner der Ehefrau etwas unterstellt, mit dem er ihr unrecht tut.
„Ich habe noch einen alten Freund getroffen, aber nur ein paar Minuten mit ihm geredet und währenddessen ein kleines Bier getrunken." Eine typische Untertreibung. Mit einem Fünkchen Wahrheit schafft sich der Lügner ein besseres Gewissen und wappnet sich vor einer möglichen Entdeckung. […]
„Du kannst mir glauben, ich wäre auch mal wieder gerne früh zu Hause, aber es hat halt einfach nicht geklappt – dafür hab ich jetzt aber richtig Hunger!" Die Frau weicht einer direkten Antwort aus. Wenn sie überzeugend ist, wird der Mann seine ursprüngliche Frage und damit seinen Argwohn vergessen.

Lüge und Literatur

Mario Vargas Llosa
Die Wahrheit der Lügen (1994)

In diesem Auszug aus einem Essay zur Literatur thematisiert der Nobelpreisträger das Verhältnis von Wirklichkeit und Fiktionalität im Roman.

[…] In der Tat lügen die Romane – sie können nicht anders –, aber dies ist nur ein Teil der Geschichte. Der andere Teil besteht darin, dass sie in ihrer Lügenhaftigkeit eine eigentümliche Wahrheit ausdrücken, die nur verborgen und verdeckt ausgedrückt werden kann, verkleidet als etwas, das sie nicht ist. So gesagt, wirkt das Ganze etwas verwirrend. In Wirklichkeit handelt es sich jedoch um etwas sehr Einfaches. Die Menschen sind nicht zufrieden mit ihrem Schicksal: Reiche oder Arme, geniale oder mittelmäßige Geister, Berühmtheiten oder Unbekannte, fast alle wünschen sie sich ein Leben, das anders ist als das, was sie leben. Um diesem Verlangen eine – trügerische – Befriedigung zu gewähren, entstand die erzählende Literatur. Sie wird geschrieben und gelesen, damit die Menschen das Leben haben, mit dessen Nicht-Existenz sie sich nicht abfinden wollen. Im Keim jedes Romans steckt ein gewisses Maß an Nonkonformismus[1], pulsiert ein Verlangen.
Folgt daraus, dass der Roman gleichbedeutend ist mit Unwirklichkeit? Dass die introvertierten Seeräuber Conrads[2], die trägen Aristokraten Prousts[3], die anonymen, mit Widrigkeiten gestraften kleinen Menschen Kafkas[4] und die metaphysischen Gelehrten in den Erzählungen von Borges[5] uns begeistern oder bewegen, weil sie nichts mit uns zu tun haben, weil es uns unmöglich ist, ihre Erfahrungen mit den unseren zu identifizieren? Mitnichten. Man muss vorsichtig sein, denn der Weg der Wahrheit und Lüge in der Welt der Dichtung ist mit Fallen versehen, und die einladenden Oasen, die am Horizont auftauchen, pflegen Luftspiegelungen zu sein.

---

1 **Nonkonformismus:** Ablehnung der herrschenden Vorstellungen
2 **Joseph Conrad** (poln.-engl. Schriftsteller, 1857–1924) schrieb u. a. Abenteuerromane, in denen introvertierte Seeleute (d.h. Menschen, die seelische Erschütterungen innerlich verarbeiten) die Hauptfiguren sind.
3 **Marcel Proust** (franz. Schriftsteller, 1871–1922) befasste sich in seinem 7-bändigen Romanzyklus „Auf der Suche nach der verlorenen Zeit" u. a. mit der Adelsgesellschaft.
4 **Franz Kafka** (Prager Schriftsteller, 1883–1924) schilderte in seinen Romanen immer wieder das sinnlose Leben seiner Helden.
5 **Jorge Luis Borges** (argentinischer Schriftsteller, 1899–1986), der über eine universale Bildung verfügte, skizzierte in seinen fantastischen Erzählungen utopische Gelehrtenwelten.

Ein Interview:
Wie erkennt man eine Lüge oder einen Lügner?

Du Lügner!

von Stephanie Janssen

Pinocchio war's an der Nase abzulesen. Aber wie erkennen Menschen wirklich, dass ihr Gegenüber die Unwahrheit sagt? Ein Gespräch mit dem Lügenexperten Marc-André Reinhard

Herr Reinhard, die meisten Menschen glauben, erkennen zu können, wenn jemand lügt. Woran?
Am klassischen Zappelphilipp-Stereotyp. Ein Lügner ist nervös, vermeidet Blickkontakt, spielt mit Gegenständen. Solche Signale sind aber bei genauer Analyse gar nicht vorhanden. Und das ist nicht überraschend, weil wir alle gleichzeitig Lügner und Detektor sind, also Erkenner von Lügen. Wir wissen, worauf wir achten sollten, um nicht erwischt zu werden.

Wie haben Sie das getestet?
Normale Fahrschüler wurden gefilmt, wie sie über ihre erfolgreiche Fahrprüfung erzählen. Die eine Hälfte hatte ihren Führerschein auch bereits in der Tasche – die „Ehrlichen". Die „unehrliche" Hälfte würde ihre Prüfung allerdings erst in der nächsten Woche ablegen. Die Filme wurden Probanden gezeigt, die zwischen wahr und gelogen unterscheiden sollten. Die Trefferquote lag bei 54 Prozent – das ist kaum besser als raten.

Woran liegt es denn, dass wir offenbar doch nicht besonders als Lügendetektor taugen?
Die vermeintlichen Lügner-Stereotype sind einfach sehr schlechte Indikatoren, um Wahrheit und Lüge zu unterscheiden. Wenn Sie bei den Filmen den Ton abdrehen, dann werden die Ergebnisse schlechter. Die nonverbalen, rein visuellen Informationen leiten die Probanden in die Irre. Wird dagegen nur das Tonband des Films vorgespielt, sind die Trefferquoten wieder höher.

Wieso fällt es so schwer, Lügen aufzudecken?
Ganz einfach: Wir trainieren das nicht. Weil wir nie ein wirkliches Feedback bekommen. Wenn jemand Sie erfolgreich angelogen hat, dann wird er nie später sagen: „Übrigens, gestern hast du es nicht bemerkt, da habe ich dich angelogen." Aber um wirklich etwas lernen zu können, müssten wir diese Informationen haben. Worauf hätte ich achten müssen? Wo hab ich mich reinlegen lassen? Verbrecher schneiden allerdings erheblich besser ab, mit etwa 65 Prozent Trefferquote.

Was können Kriminelle besser als Normalbürger?
Das sind Menschen, die mit Täuschung und Lüge „beruflich" zu tun haben. Wer davon lebt, soziale Normen und Gesetze zu übertreten, der fragt sich möglicherweise ständig: Wurde ich gerade betrogen? Habe ich erfolgreich gelogen? Das tun wir „Ehrlichen" aber im Alltag nicht. Denn dieses Misstrauen würde keine Beziehung – beruflich wie privat – überstehen.

DIE ZEIT Nr. 01, 27. 12. 2007

5 Dossiermaterial zum Thema „Angst"

Das folgende Dossiermaterial eignet sich für eine essayistische Auseinandersetzung mit dem Thema „Angst".

So ist das mit der Angst

In einem Artikel aus der Stuttgarter Zeitung wird im Rahmen der Veranstaltungsreihe „Kinder-Universität" versucht, Kindern das Phänomen „Angst" zu erklären.

Was ist das überhaupt: Angst?
Wie Wut, Trauer oder Freude gehört die Angst zu den menschlichen Grundgefühlen. Diese sind angeboren, und man kann sie zwar teilweise kontrollieren, aber nicht abstellen. Auf der ganzen Welt haben die Menschen dieselben Grundgefühle. Es ist also egal, ob wir uns in China oder im Schwarzwald aufhalten: Wenn jemand lacht, weint oder sich fürchtet, kann jeder am Gesichtsausdruck ablesen, wie sich das Gegenüber fühlt. Das Angstgefühl beschleicht uns, wenn wir eine Situation als unsicher oder bedrohlich empfinden, zum Beispiel in einer Prüfung, im Flugzeug oder im Keller.

Woher kommt das beklemmende Gefühl?
Die Angst ist eine notwendige Funktion, um uns in der Welt vor Gefahren zu schützen. Unsere Vorfahren, die sich vor Säbelzahntigern und anderen bedrohlichen Tieren schützen mussten, haben uns drei Reaktionsmuster vererbt, die heute noch in Angstsituationen zum Vorschein kommen: kämpfen, flüchten, tot stellen. Das passiert automatisch. Wenn jemand ausholt und uns hauen will, schlagen wir zurück (kämpfen) oder, falls es die Situation noch erlaubt, rennen wir weg (flüchten) oder verstecken uns hinter der nächsten Ecke (tot stellen). Wenn wir Angst haben, geht der Körper in Alarmbereitschaft, die Aufmerksamkeit wird erhöht. Dabei wird das Stresshormon Adrenalin ausgeschüttet – der Puls geht also schneller –, die Augen weiten sich und wir bekommen eine Gänsehaut.

Wovor fürchten wir uns?
Wir haben Angst, wenn wir unsicher sind oder wenn etwas unerwartet passiert, also in Situationen, die wir nicht einschätzen können. An der Kinder-Uni sollten die Nachwuchsstudenten Bilder malen mit jenen Dingen, vor denen sie Angst haben. Das waren zum Beispiel: Erdbeben, Kriege, Monster oder Autos. Das sind – bis auf die Monster – tatsächlich reale Gefahren, die aber für die Nachwuchsstudenten wohl kaum zu einer greifbaren Bedrohung werden. Wir haben nämlich oft vor Phänomenen oder Situationen Angst, die in der Realität kaum gefährlich sind, oder wir schätzen Gefahren falsch ein. So würde man vielleicht denken, dass sich die meisten Kinder überwiegend im Straßenverkehr verletzen. Das stimmt aber nicht, wie Professor Ortwin Renn bei einem Ratespiel gezeigt hat. Die meisten Kinder verletzen sich beim Spielen oder beim Sport.

Warum ist es im Dunkeln unheimlich?
Im Dunkeln sehen wir nichts, deshalb arbeitet unsere Fantasie umso intensiver. Unsere Unsicherheit wächst, weil wir nicht sehen, was in der Ecke lauern könnte. Deshalb stellen wir uns die möglichen Gefahren – zum Beispiel Einbrecher oder Gespenster – intensiv vor, um im Zweifelsfall schnell flüchten, kämpfen oder uns tot stellen zu können.

Stuttgarter Zeitung, 18.1.2010

Angsthasen flüchten oder kämpfen

Fragen von Simone Drescher

Stuttgart – Professor Ortwin Renn vom Institut für Sozialwissenschaften an der Uni Stuttgart spricht über die Mechanismen der Furcht.

Lohnt es sich überhaupt heutzutage, Angst zu haben?
Wir fürchten uns vor vielen Dingen, die relativ harmlos sind. Und viele Dinge, vor denen wir keine Angst haben, sind dafür sehr gefährlich. Lebensmittel sind ein gutes Beispiel. Menschen fürchten sich etwa vor Vergiftungen durch Pestizidrückstände oder durch chemische Konservierungsstoffe. Dabei sind das vergleichsweise harmlose Risiken. Es sterben viel mehr Menschen an Salmonellen-, Kolibakterien- oder Schimmelvergiftungen. Das sind jedoch natürliche Risikofaktoren, die oft unterschätzt werden, weil uns das Natürliche harmlos erscheint.

Warum haben Menschen Angst?
Das ist evolutionär bedingt. Der Sinn der Angst ist es, die Aufmerksamkeit zu erhöhen, um schnell reagieren zu können. Der Blutdruck steigt an, der Körper geht unbewusst in Hab-Acht-Stellung. Das war vor allem zu der Zeit notwendig, als die Menschen als Sammler und Jäger unterwegs waren und es mit gefährlichen Tieren zu tun hatten. Es gibt drei Reaktionsmuster, die in einem Angstzustand automatisch zum Zug kommen: flüchten, kämpfen oder tot stellen. Das haben alle Säugetiere gemeinsam, und diese Reaktionen sind bis heute in uns tief verwurzelt.

In welchen Situationen stellen wir uns tot?
Zum Beispiel im Auto, wenn eine unvorhergesehene Situation eintritt, etwa ein Tier vors Auto läuft. Da kommt es zur Schrecksekunde. Statistiker haben ausgerechnet, dass es gut 1,2 Sekunden dauert, bis man auf die Bremse tritt. Man ist erst mal erstarrt. Das gibt es auch woanders, zum Beispiel beim Ballspielen: Wenn ich nicht damit rechne, dass der Ball kommt, erschrecke ich, und schon habe ich ihn am Kopf.

Vor was fürchten wir uns generell?
Vor dem Ungewissen und der Vorstellung, dass uns eine Gefahr plötzlich treffen könnte. Gibt es wenig Reales, holt sich die Angst Fantasiegestalten wie Gespenster.

Und warum fürchten wir uns im Dunkeln?
In dem Moment, wo ich keine volle Orientierung mehr habe, arbeitet meine Vorstellungskraft umso intensiver. Wenn ich durch den dunklen Wald laufe, stelle ich mir vor, dass hinter dem Baum eine Gefahr lauern könnte. Ich wappne mich unbewusst für diese Situation.

Sind alle Ängste begründet?
Angst ist ein sinnvoller Wegweiser, sie zeigt Gefahren an. Angst kann aber auch lähmend sein, dann ist sie nicht mehr begründet. Es gibt Menschen mit Phobien, dann trägt das Angstgefühl pathologische Züge und muss möglicherweise psychotherapeutisch behandelt werden. In wohlhabenden Gesellschaften finden wir mehr unbegründete Ängste, weil es kaum reale Gefahren gibt. Wir leben sicherer, haben aber das Gefühl, mehr Risiken ausgesetzt zu sein.

Angsthasen haben keinen guten Ruf. Warum ist Angst ein Zeichen von Schwäche?
Das kommt aus der Zeit der Sammler und Jäger. Früher mussten die Männer auf die Jagd gehen. Dabei war es nötig, dass jeder dasselbe Maß an Mut mitbrachte. Deshalb gab es schon damals Mutproben. Das wirkt bis heute nach und gilt vor allem für Jungs.

Stuttgarter Zeitung, 15.1.2010

Es gibt kein Leben ohne Angst

von Egon Fabian

Angst. Wir alle kennen dieses Gefühl. Auch wenn es uns oftmals nicht bewusst ist. Denn nicht immer zeigt es sich offen, sondern verbirgt sich hinter psychosomatischen Symptomen, Aggressionen, depressiven Verstimmungen oder Arbeitswut. Wir entwickeln Abwehrstrategien gegen die Angst – weil wir Angst vor ihr haben. Doch existenzielle Angst ist ein Urgefühl menschlichen Daseins. Sie lässt sich nicht besiegen, sondern muss verstanden und ins Leben integriert werden.

Jedes Zeitalter hat seine Ängste. Früher bedrohten Krankheiten, Seuchen, Kriege und Armut die Menschen. Heute hängen unsere Ängste stark mit den Bedrohungen unserer Zeit, mit der Schwächung oder dem Untergang traditioneller Strukturen, den rapiden Veränderungen der Technologie und ihren Gefahren, mit der Verunsicherung unserer Identität zusammen. Der Schweizer Psychiater und Psychoanalytiker Raymond Battegay schreibt dazu: „Die Angst hat die Menschen zu allen Zeiten beschäftigt. Sie scheint aber noch nie so dominant wie heute gewesen zu sein. Der moderne Mensch, obschon er kaum einen Ort findet, an dem er für sich selbst sein kann, fühlt sich zutiefst vereinsamt. Allein steht er oft seinen Lebensaufgaben gegenüber. Angst bemächtigt sich deshalb seiner."

Neu ist auch: Wir sind zum ersten Mal in der Geschichte für unsere Ängste selbst verantwortlich, wir haben sie größtenteils selbst heraufbeschworen. Es sind Bedrohungen von Menschenhand, die unsere existenziellen Ängste schüren. Der frühere Mensch fürchtete sich vor Blitz und Donner, vor der Pest; er brachte diese „Strafen" in Verbindung mit seinen Sünden und suchte Gnade und Vergebung bei den Göttern, die es zu beschwichtigen galt. Jeder konnte sein Leben tugendhafter gestalten, seinen Glauben stärken. In unserem Zeitalter sind dieser Glaube und die damit verbundene Hoffnung nicht mehr Teil unserer Welt. Und damit fehlen uns die Mechanismen, die früher die Angst linderten und Hoffnung schafften: die Religion, der Glaube, die menschliche Gemeinschaft, das Leben in großen Gruppen. Der moderne Mensch bleibt angesichts seiner Ängste allein.

Die Populärwissenschaft, unterstützt von manchen Fachleuten, hat eine wahre Flut von Ratgebern hervorgebracht, welche die Angst als ein fast überflüssiges Übel bagatellisieren und „wirksame" Wege für ihre Bekämpfung versprechen, um die „Ängste besiegen" und „Endlich frei von Angst und Panik" oder „Frei von Angst – ein Leben lang" sein zu können. Im Internet wird geworben: „Man braucht im Leben nichts zu fürchten", „Angstfrei leben". Es ist nicht nur ethisch bedenklich, sondern auch nicht ungefährlich, wenn vor allem Fachleute die Angst und ihre Zunahme zum „besiegbaren" Symptom verharmlosen und diesen Sieg mit verschiedenen Trainings und dergleichen erreichen wollen; sie verheißen ein Leben ohne Angst, so wie sie die Hoffnung und Illusion nähren, der Mensch könnte eines Tages ohne Schmerz und ohne zu altern existieren.

Angst ist als existenzielle Angst ein Urgefühl menschlichen Daseins. Es wird nie ein Leben ohne Angst geben. Die Menschen unterscheiden sich weniger dadurch, ob sie Angst haben; sie unterscheiden sich in der Art, wie sie gelernt haben, die Angst auszudrücken. Und sie unterscheiden sich wesentlich in der Art, wie sie mit der Angst umgehen, das heißt, ob sie die eigene *Angst vor der Angst* zulassen oder abwehren, verdrängen oder sich mit ihr konfrontieren.

Die Strategien, die ein Mensch gegen die Angst entwickelt, spielen eine zentrale Rolle – möglicherweise die wichtigste überhaupt – in der Gestaltung der Persönlichkeit. […]

Psychologie heute, 03/2010

Max Frisch
Homo faber (1957)

Walter Faber, die Hauptfigur des Romans, erlebt einen Flugzeugabsturz. Das Erleben und Verarbeiten dieses Flugzeugabsturzes sind typisch für diese Figur.

In der Ferne die blauen Gebirge.
Sierra Madre Oriental.
Unter uns die rote Wüste.
Als kurz darauf – wir erhielten gerade unsren Lunch, mein Düsseldorfer und ich, das Übliche: Juice, ein schneeweißes Sandwich mit grünem Salat – plötzlich ein zweiter Motor aussetzte, war die Panik natürlich da, unvermeidlich, trotz Lunch auf dem Knie. Jemand schrie.
Von diesem Augenblick an ging alles sehr rasch –
Offenbar befürchtete man noch den Ausfall der anderen Motoren, so daß man sich zur Notlandung entschloß. Jedenfalls sanken wir, der Lautsprecher knackte und knarrte, so daß man von den Anweisungen, die gegeben werden, kaum ein Wort versteht.
Meine erste Sorge: wohin mit dem Lunch?
Wir sanken, obschon zwei Motoren, wie gesagt, genügen sollten, das reglose Pneu-Paar in der Luft, wie üblich vor einer Landung, und ich stellte meinen Lunch einfach auf den Boden des Korridors, dabei befanden wir uns noch mindestens fünfhundert Meter über dem Boden.
Jetzt ohne Böen.
No smoking.
Die Gefahr, daß unsere Maschine bei der Notlandung zerschellt oder in Flammen aufgeht, war mir bewußt – ich staunte über meine Ruhe.
Ich dachte an niemand.
Alles ging sehr geschwind, wie schon gesagt, unter uns Sand, ein flaches Tal zwischen Hügeln, die felsig zu sein schienen, alles vollkommen kahl, Wüste –
Eigentlich war man nur gespannt.
Wir sanken, als läge eine Piste unter uns, ich preßte mein Gesicht ans Fenster, man sieht ja diese Pisten immer erst im letzten Augenblick, wenn schon die Bremsklappen draußen sind. Ich wunderte mich, daß die Bremsklappen nicht kommen. Unsere Maschine vermied offensichtlich jede Kurve, um nicht abzusacken, und wir flogen über die günstige Ebene hinaus, unser Schatten flog immer näher, *er* sauste schneller als wir, so schien es, ein grauer Fetzen auf dem rötlichen Sand, er flatterte.
Dann Felsen –
Jetzt stiegen wir wieder.
Dann, zum Glück, neuerdings Sand, aber Sand mit Agaven, beide Motoren auf Vollgas, so flogen wir Minuten lang auf Haushöhe, das Fahrgestell wurde wieder eingezogen. Also Bauchlandung! Wir flogen, wie man sonst in großen Höhen fliegt, ziemlich ruhig und ohne Fahrgestell – aber auf Haushöhe, wie gesagt, und ich wußte, es wird keine Piste kommen, trotzdem preßte ich das Gesicht ans Fenster. Plötzlich war unser Fahrgestell neuerdings ausgeschwenkt, ohne daß eine Piste kam, dazu die Bremsklappen, man spürte es wie eine Faust gegen den Magen, Bremsen, Sinken wie im Lift, im letzten Augenblick verlor ich die Nerven, so daß die Notlandung – ich sah nur noch die flitzenden Agaven zu beiden Seiten, dann beide Hände vors Gesicht! – nichts als ein blinder Schlag war, Sturz vornüber in die Bewußtlosigkeit. ®

Ergebnisse einer Umfrage

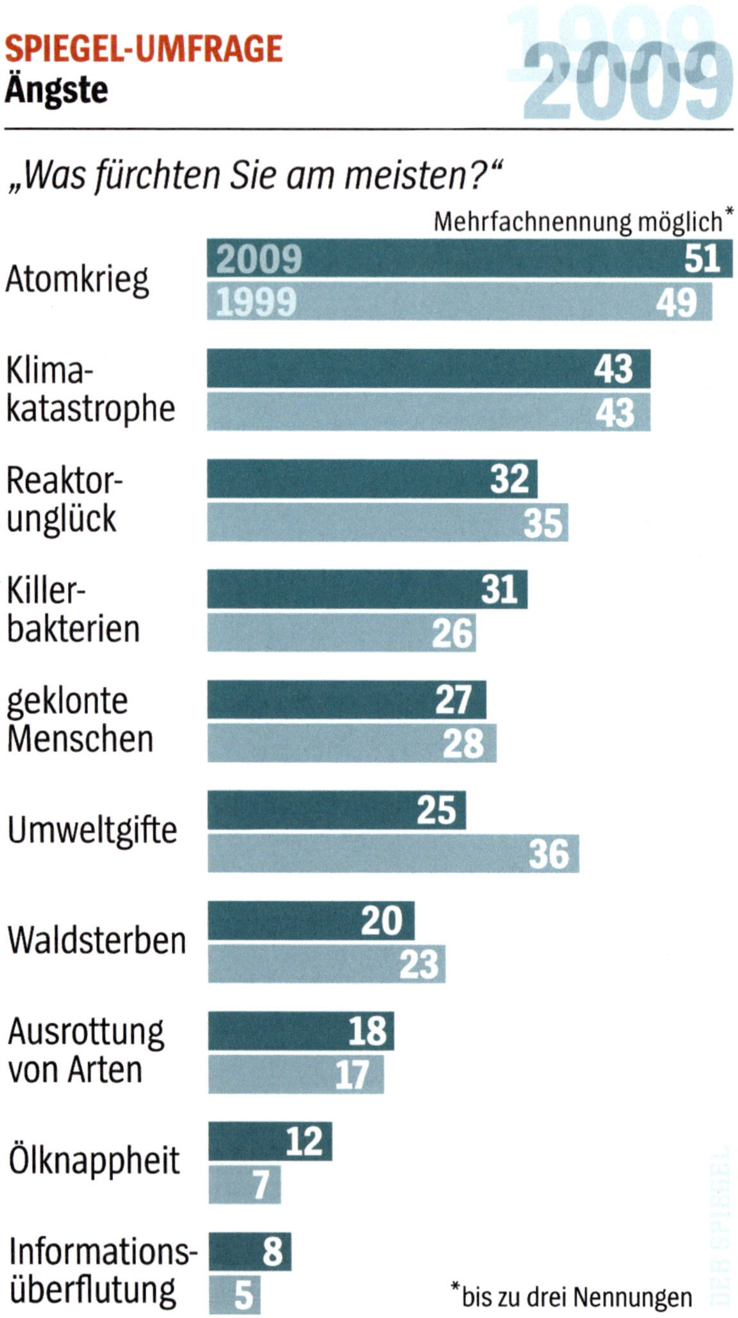

**SPIEGEL-UMFRAGE
Ängste**

„Was fürchten Sie am meisten?"

Mehrfachnennung möglich*

Angst	2009	1999
Atomkrieg	51	49
Klimakatastrophe	43	43
Reaktorunglück	32	35
Killerbakterien	31	26
geklonte Menschen	27	28
Umweltgifte	25	36
Waldsterben	20	23
Ausrottung von Arten	18	17
Ölknappheit	12	7
Informationsüberflutung	8	5

*bis zu drei Nennungen

DER SPIEGEL

Textquellenverzeichnis

Aesop: Großen Herren die Wahrheit sagen ist nicht jedermanns Sach(e), S. 40, aus: Victor Zobel (Hg.): Fabeln des Aesop. Nach Steinhöwels „Erneuertem Esopus". Insel-Verlag, Leipzig, o. J., S. 55 f.
Beck, Tobias, Ulrich Grünewald, Martin Rosenberg, Tanja Winkler, Tilman Wolff: Täuschen und Lügen, S. 42, 86 ff. In: Script zur WDR-Sendereihe „Quarks & Co", WDR, Köln, 2004, S. 9, 4–8
Bense, Max: Über den Essay und seine Prosa, S. 5 f., aus: Ludwig Rohner (Hg.): Deutsche Essays. Prosa aus zwei Jahrhunderten. Band 1: Essays avant la lettre. Dtv, München, 1972, S. 52 f.
Brecht, Bertolt: Über Schillers Gedicht „Die Bürgschaft", S. 85, aus: Marcel Reich-Ranicki: Der Mond über Soho – 66 Gedichte von Bertolt Brecht mit Interpretationen. Suhrkamp, Frankfurt, 2002
Brunke, Timo: Bäck am Eck, S. 22. In: Stuttgarter Zeitung, 29. 6. 2010
Drescher, Simone: Angsthasen flüchten oder kämpfen, S. 91. In: Stuttgarter Zeitung, 15. 1. 2010
Fabian, Egon: Es gibt kein Leben ohne Angst, S. 57, 92. Textfassung laut Vorabdruck in Psychologie heute, März 2010, S. 20 f. Aus: Anatomie der Angst. Ängste annehmen und an ihnen wachsen. Klett-Cotta, Stuttgart, 2010, S. 18–21
Forster, Georg: Über Leckereien, S. 34 f., aus: Ludwig Rohner (Hg.): Deutsche Essays. Prosa aus zwei Jahrhunderten. Band 1: Essays avant la lettre. Dtv, München, 1972, S. 255 f.
Förster, Hans-Peter: Zielgruppengerechtes Schreiben – Vier Textfunktionen, S. 64; Kompass für den erlebnisreichen Stil, S. 65 f., aus: Ders., Texten wie ein Profi. Frankfurter Allgemeine Buch, Frankfurt, 2006, S. 15–17, 21, 24, 253–255
Frisch, Max: Homo faber, S. 93, aus: Ders., a. a. O., Suhrkamp, Frankfurt, 1977, S. 19 ff.
Geiger, Arno: Die Bewohner von Château Talbot, S. 41, aus: Florian Höllerer/Tim Schleider (Hg.): Zur Zeit. Wallstein, Stuttgart, 2010, S. 143 f.
Grimm, Hans-Ulrich: Lexikonartikel zum Stichwort „Fast Food", S. 21, aus: Ders., Die Ernährungsfalle: Wie die Lebensmittelindustrie unser Essen manipuliert – Das Lexikon. Heyne, München, 2010, S. 182–184
Hamburger, Michael: Essay über den Essay, S. 4 f. In: Akzente – Zeitschrift für Dichtung, Heft 4 1965, S. 290–292
Hesse, Hermann: Unterm Rad, S. 81, aus: Ders., a. a. O., Suhrkamp, Frankfurt, 1972, S. 78 f.
Hilsbecher, Walter: Die Sprache des Essays ..., S. 59, aus: Ders., Wie modern ist eine Literatur?, Nymphenburger Verlag, München, 1965, S. 139
Hohnecker, Martin: Nomaden auf Nahrungssuche. Anmerkungen zu Schnellkost und Gesellschaft, Genuss und Glück, S. 31 ff., 55. In: Stuttgarter Zeitung, 10. 4. 2010, S. V1–V2
Janssen, Stephanie: Du Lügner!, S. 89. In: DIE ZEIT Nr. 01, 27. 12. 2007
Kunert, Günter: Der Lastwagenfahrer, S. 72 f., aus: Ders., Die Beerdigung findet in aller Stille statt. Carl Hanser Verlag, München, 1968, S. 111–113
Lessmann, Ulla: Du sollst nicht lügen, S. 37, 51 f., 53, 54, 55. In: Chrismon 03/2007
Lindgren, Astrid: Pippi Langstrumpf, S. 42, aus: Dies., a. a. O. Übersetzung von Cäcilie Heinig. Verlag Friedrich Oetinger, Hamburg, 1967, S. 15
Müller, Torben: Markus lügt, Philipp flirtet gern, S. 75 f. In: Sonntag Aktuell, 6. 2. 2011, S. 10
Patalong, Frank: Facebook: Freunde verkaufen verboten, S. 80, aus: http://www.spiegel.de/netzwelt/web/ 0,1518,662494,00.html, 20. 11. 2009, geprüft 18. 11. 2011
Reich-Ranicki, Marcel: Mein Leben, S. 73, aus: Ders., a. a. O., DVA, Stuttgart, 1999, S. 54
Scheller, Jörg: Kunstvolle Körper, S. 15 f. In: Stuttgarter Zeitung, 28. 8. 2011, Sonntagsbeilage

Schiller, Friedrich: Die Bürgschaft, S. 82 ff., aus: Benno von Wiese (Hg.): Echtermeyer Deutsche Gedichte. Cornelsen Verlag Schwann-Girardet, Düsseldorf, 1990, S. 289–293
Schmid, Wilhelm: Am Anfang ist die Angst, S. 44, 63, aus: Ders., Mit sich selbst befreundet sein: Von der Lebenskunst im Umgang mit sich selbst. Suhrkamp, Frankfurt, 2004, S. 23
Sterne, Laurence: Tristram Shandy, S. 77, aus: Ders., Das Leben und die Meinungen des Tristram Shandy. Übersetzung von Siegfried Schmitz. Artemis & Winkler, München, o. J., S. 56 f.
Stolterfoht, Ulf: 712, bitte 18-3! Über das Verstehen von Gedichten. Mit Beispielen, S. 43, 56. In: Stuttgarter Zeitung, 7. 10. 2008
Stolz, Matthias: Generation Praktikum, S. 74. In: DIE ZEIT Nr. 14, 31. 3. 2005
Timm, Uwe: Die Entdeckung der Currywurst, S. 26 f., aus: Ders., Die Entdeckung der Currywurst. Novelle. Dtv, München, 2002, S. 181–183 (1993)
Tucholsky, Kurt: Die Lügen-Kartei, S. 36. In: Vossische Zeitung Nr. 398, 25. 8. 1931
Vargas Llosa, Mario: Die Wahrheit der Lügen, S. 88, aus: Ders., Die Wahrheit der Lügen. Essays zur Literatur. Aus dem Spanischen von Elke Wehr. Suhrkamp, Frankfurt, 1994, S. 7 ff.
Westphalen, Joseph von: Warum ich nicht Schach spiele, S. 10 f., aus: Ders., Warum ich trotzdem Seitensprünge mache. Fünfundzwanzig neue Entrüstungen. Haffmans Verlag, Zürich, 1987
Widmer, Urs: Das Geld, die Arbeit, die Angst, das Glück., S. 45, 56 f., aus: Ders., a. a. O., Diogenes, Zürich, 2002, S. 11 f., S. 14–16
Wieland, Christoph Martin: Über die ältesten Zeitkürzungsspiele, S. 9, aus: Ludwig Rohner (Hg.): Deutsche Essays. Prosa aus zwei Jahrhunderten. Band 1: Essays avant la lettre. Dtv, München, 1972, S. 227 f.

Unbekannte/ungenannte Autorinnen und Autoren:

Anmerkungen zur richtigen Auffassung des Berufs aus medizinischer Sicht, S. 67 ff. Originalbeitrag von Winfried Harst.
Aus der Facebook-Statistik, S. 81, aus: http://allfacebook.de/zahlen_fakten/facebook-infografik-und-statistiken, 23. 3. 2010, geprüft 18. 11. 2011
Bildung von Rufnamen (historische Entwicklung), S. 78 f., aus: http://de.wikipedia.org/wiki/Vorname#Bildung_von_Rufnamen_.28historische_Entwicklung.29, geprüft 18. 11. 2011
Die schlechte Nachricht: ..., S. 43, aus: Hans-Peter Förster: Texten wie ein Profi. Frankfurter Allgemeine Buch, Frankfurt, 2006, S. 225
Eine Definition aus einem Schulbuch, S. 6, aus: Bernd Schurf, Andrea Wagener (Hg.): Texte, Thesen und Strukturen. Cornelsen Verlag, Berlin, 2009, S. 177
Gestern noch war ich 40 ..., S. 45, aus: Hans-Peter Förster: Texten wie ein Profi. Frankfurter Allgemeine Buch, Frankfurt, 2006
Lüge, bewusst falsche Aussage, ..., S. 47, aus: Brockhaus Enzyklopädie Band 13. Brockhaus, Mannheim, 1990, S. 603
So ist das mit der Angst, S. 90. In: Stuttgarter Zeitung, 18. 1. 2010
Solche Täuschungen, da stimmen Forscher ..., S. 47, aus: Martin Paetsch: Lüge: Die Kunst der Täuschung. In: GEO kompakt 25, 2010, S. 139
Tit for Tat, S. 47. In: Tobias Beck, Ulrich Grünewald, Martin Rosenberg, Tanja Winkler, Tilman Wolff: Script zur WDR-Sendereihe „Quarks & Co", WDR, Köln, 2004, S. 10 f.
Werbung der Victoria Versicherung, S. 63. Aus: Hans-Peter Förster: Texten wie ein Profi. Frankfurter Allgemeine Buch, Frankfurt, 2006, S. 96

Bildquellenverzeichnis

S. 3 oben: picture-alliance/Artcolor, **unten:** © SVLuma – Fotolia.com; **S. 8, 22, 43, 47, 50, 52, 55, 56, 64–66, 72, 83, 84, 87, 90:** Amelie Glienke, Berlin; **S. 9:** © bpk/Nationalgalerie, SMB/Jörg P. Anders; **S. 10:** © 2006–2012 by TopWare Interactive AG, www.battlevschess.com; **S. 12, 21** (Fast Food) © sterneleben – Fotolia.com; **S. 12, 14** (Sternzeichen): © jaschin – Fotolia.com; **S. 12, 14** (E-Book): © Photosani – Fotolia.com; **S. 12, 16** (Bodybuilder): picture-alliance/Everett Collection; **S. 12, 37** (Pinocchio): © psdesign1 – Fotolia.com; **S. 12, 91** (Frau am Steuer): © Bernd_Leitner – Fotolia.com; **S. 12, 69** (Börsenmakler): © Jean-Pierre – Fotolia.com; **S. 15:** Cinetext/Allstar/Pathe; **S. 23 oben, 29, 74:** picture-alliance/dpa-Infografik; **S. 23 unten, 30:** © Marco Ratschiller, www.karmacartoons.com; **S. 26 links:** Uwe Timm: Die Entdeckung der Currywurst © der Originalausgabe: 1993, 1995 Verlag Kiepenheuer & Witsch, Köln. © der Taschenbuchausgabe: 2000 Deutscher Taschenbuch Verlag, München. Reproduktionsgenehmigung für das auf dem Cover abgebildete Gemälde „Die rote Jacke" von Albert Aereboe: © Museen für Kunst und Kulturgeschichte der Hansestadt Lübeck (Standort/Bildurheber); **S. 26 rechts, 53 links, 54, 81, 82:** picture-alliance/dpa; **S. 32:** picture-alliance/chromorange; **S. 33:** picture-alliance/Globe-ZUMA; **S. 34:** picture-alliance/akg-images; **S. 40, 93:** picture-alliance/Mary Evans Picture Library; **S. 41:** © Lauren Greenfield/INSTITUTE; **S. 44:** © Janina Dierks – Fotolia.com; **S. 45:** Ullstein Bild/H. Schmidt-Luchs; **S. 53 rechts:** Jurek Becker: Jakob der Lügner © 1982 Suhrkamp Verlag, Frankfurt/M.; **S. 58:** Ingo Schulze: Was wollen wir? © der Originalausgabe: 2009 Berlin Verlag, Berlin. © der Taschenbuchausgabe: 2011 Deutscher Taschenbuch Verlag, München.; **S. 67:** picture-alliance/dieKLEINERT.de/kohrs images Montgomery Jay; **S. 68:** © Bavaria Film GmbH – Colonia Media GmbH – Pirol Film Production GmbH/Stefan Falke; **S. 73:** Coverillustration nach Marcel Reich-Ranicki, Mein Leben, erschienen in der Deutschen Verlags-Anstalt, München, in der Verlagsgruppe Random House; **S. 75:** © jas – Fotolia.com, Bearbeitung: Ralf Franz; **S. 78:** © Anjo/toonpool.com; **S. 79:** picture-alliance/Presse-Bild-Poss; **S. 80:** © thingamajiggs – Fotolia.com; **S. 85:** Ullstein Bild; **S. 94:** Grafik aus dem SPIEGEL 50/2009, S. 157. © SPIEGEL-Verlag Rudolf Augstein GmbH & Co. KG, Hamburg

Redaktion: lüra – Klemt & Mues GbR, Wuppertal
Layout und technische Umsetzung: Ralf Franz, CMS Berlin

www.cornelsen.de

Die Links zu externen Webseiten Dritter, die in diesem Lehrwerk angegeben sind, wurden vor Drucklegung sorgfältig auf ihre Aktualität geprüft. Der Verlag übernimmt keine Gewähr für die Aktualität und den Inhalt dieser Seiten oder solcher, die mit ihnen verlinkt sind.

Dieses Werk berücksichtigt die Regeln der reformierten Rechtschreibung und Zeichensetzung. Bei den mit R gekennzeichneten Texten haben die Rechteinhaber einer Anpassung widersprochen.

1. Auflage, 2. Druck 2015

Alle Drucke dieser Auflage sind inhaltlich unverändert
und können im Unterricht nebeneinander verwendet werden.

© 2012 Cornelsen Verlag, Berlin
© 2015 Cornelsen Schulverlage GmbH, Berlin

Das Werk und seine Teile sind urheberrechtlich geschützt.
Jede Nutzung in anderen als den gesetzlich zugelassenen Fällen bedarf
der vorherigen schriftlichen Einwilligung des Verlages.
Hinweis zu den §§ 46, 52a UrhG: Weder das Werk noch seine Teile dürfen ohne eine
solche Einwilligung eingescannt und in ein Netzwerk eingestellt oder sonst öffentlich
zugänglich gemacht werden.
Dies gilt auch für Intranets von Schulen und sonstigen Bildungseinrichtungen.

Druck: H. Heenemann, Berlin

ISBN: 978-3-464-60984-2